LÉON POINSARD

LA

GUERRE DE CLASSES

PEUT-ELLE ÊTRE ÉVITÉE

ET

PAR QUELS MOYENS PRATIQUES?

PRÉFACE PAR

EDMOND DEMOLINS

TROISIÈME ÉDITION

PARIS

LIBRAIRIE H. LE SOUDIER

174, BOULEVARD SAINT-GERMAIN, 174

1898

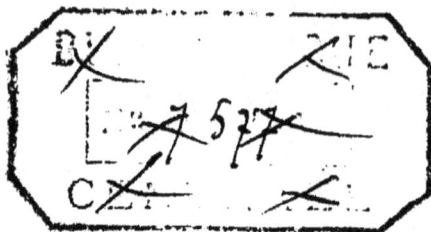

LA

GUERRE DE CLASSES

PEUT-ELLE ÊTRE ÉVITÉE

ET

PAR QUELS MOYENS PRATIQUES?

DU MÊME AUTEUR

Libre-Échange et Protection La politique douanière de
tous les pays expliquée par les circonstances de leur état social
et économique. Paris, 1893......................... 1 vol.

La question monétaire considérée dans ses rapports avec la
condition sociale des divers pays et avec les crises économiques.
Paris, 1895.................................... 1 vol.

Études de droit international conventionnel. Première
série (Transports, Postes, Télégraphes, Commerce, Monnaies,
Poids et Mesures, Propriété littéraire, artistique et industrielle).
Paris, 1894.................................... 1 vol.

LÉON POINSARD

LA
GUERRE DE CLASSES

PEUT-ELLE ÊTRE ÉVITÉE

ET

PAR QUELS MOYENS PRATIQUES?

PRÉFACE PAR

EDMOND DEMOLINS

TROISIÈME ÉDITION

PARIS

LIBRAIRIE H. LE SOUDIER

174, BOULEVARD SAINT-GERMAIN, 174

PRÉFACE

———

SUR LES CONDITIONS D'ÉLÉVATION
DE LA CLASSE OUVRIÈRE

On peut formuler en ces termes l'idée qui se
dégage de ce livre :

*Il ne faut pas aider l'ouvrier à végéter, mais
à s'élever.*

Pour orienter l'ouvrier dans cette voie, on
doit s'appuyer sur un nouveau type de patrons
et sur une nouvelle forme de patronage, dont
M. Poinsard indique à la fois la formule et des
exemples.

Cet ouvrage en effet n'est pas l'œuvre d'un
théoricien, mais d'un observateur. L'auteur
n'invente pas un système; il montre une voie
dans laquelle des patrons et des ouvriers sont
déjà engagés et marchent avec succès.

Les diverses institutions patronales et ouvrières, dont ce volume expose le fonctionnement, sont des auxiliaires qui concourent à
élever la situation de l'ouvrier, à améliorer ses
rapports avec le patron et, par conséquent, à
faire cesser la guerre de classes.

Mais, ainsi que le constate M. Poinsard, et

c'est sur ce mot qu'il termine son livre, ces institutions n'auront toute leur efficacité que si l'ouvrier est rendu apte à s'élever par un nouveau mode d'éducation.

C'est une idée archaïque de considérer la situation d'ouvrier comme définitive ; cette situation tend de plus en plus à devenir *transitoire*. La machine, en prenant la place de l'homme, en le « déspécialisant », suivant l'expression si exacte de M. Paul de Rousiers (1), l'a véritablement affranchi : elle lui a ouvert des situations nouvelles et multiples.

Le rôle de l'éducation actuelle est donc de rendre l'ouvrier apte à profiter de ces circonstances favorables.

L'homme d'aujourd'hui, — et l'ouvrier ne fait pas exception, — ne doit plus être comme le lierre qui s'attache, mais comme le chat qui rebondit toujours sur ses pieds, lestement.

La visée de l'éducation doit donc être aujourd'hui d'élever la condition humaine d'une façon générale.

D'ailleurs les vieilles distinctions de classes vont s'affaiblissant de plus en plus.

(1) *La Question ouvrière en Angleterre*, par Paul de Rousiers. 1 vol. in-12. *Bibliothèque de la Science sociale*, librairie Firmin-Didot.

La noblesse n'est déjà plus qu'une étiquette mondaine qui ne correspond. à aucune réalité positive. Elle décline de jour en jour, ruinée par les préjugés qui l'éloignent du travail.

La partie de la bourgeoisie qui, par une sotte vanité, se pique de vivre noblement ne réussit également, et pour les mêmes raisons, qu'à décliner noblement.

Ainsi l'évolution sociale actuelle tend à la fois à l'élévation des classes inférieures et à l'élimination des anciennes classes supérieures.

Le moment est donc venu de constituer le mode d'éducation qui préparera l'ouvrier à effectuer, dans les conditions les plus favorables, son ascension sociale.

Ce sont surtout les patrons, les chefs de la grande industrie et du grand commerce, qui sont en situation de prendre cette initiative, parce que, seuls, ils peuvent exercer une action directe et efficace sur leur personnel. Le meilleur moyen d'exercer cette action est la création de *cours d'adultes* destinés à leurs jeunes ouvriers. M. Poinsard signale quelques tentatives de ce genre de la part de patrons qui se montrent ainsi d'intelligents initiateurs.

Avant de préciser ce que devrait être cet enseignement, je vais essayer de fixer les idées

du lecteur par un exemple qui se présente à
moi fortuitement.

J'étais occupé à rédiger cette Préface, lorsque
la poste m'a apporté une brochure intitulée :
*Annuaire de l'Association amicale des anciens
élèves de l'École de Travail manuel de Creil
(Oise). École Somasco.*

Cette école a été créée en 1887, — il y a par
conséquent dix ans, — par M. Charles Somasco,
chef d'industrie à Creil.

Il l'a installée dans son propre parc, à côté
de son habitation. L'école se compose de deux
corps de bâtiments parallèles, réunis par un troisième. A gauche, c'est l'Atelier-classe ; à droite,
le Musée industriel ; en face, la Bibliothèque.
Les élèves sont au nombre de quarante, et l'admission est considérée comme une haute récompense. Les cours ont lieu trois fois par semaine.

M. Somasco assiste lui-même à toutes les
leçons ; sous sa direction, trois de ses contremaîtres, élèves eux-mêmes de l'école, donnent
des conseils pratiques et vont d'un élève à
l'autre, s'occupant attentivement de la besogne
de chacun. Les cours durent deux années.

Le jeudi matin, M. Somasco fait lui-même
une sorte de causerie : il entretient les jeunes

gens soit de la fabrication du fer, de la fonte et de l'acier, soit de l'usage et des propriétés de différents métaux, soit de notions de mécanique générale (composition des forces, équilibre, force vive, etc.), soit des moyens employés pour représenter les corps (dessin linéaire, dessin d'art, croquis à main levée, etc.), soit enfin de la classification générale des outils.

Le dimanche, le Musée et la Bibliothèque sont ouverts aux élèves et anciens élèves.

« M. Somasco, raconte M. Doliveux, inspecteur d'Académie de l'Oise, met son grand et beau jardin à leur disposition ; ces jeunes gens s'y promènent et y jouent, ou bien ils vont lire à la Bibliothèque, ou bien encore ils font de la musique et chantent ; et voici un détail charmant : Mme et Mlle Somasco viennent tous les dimanches au milieu d'eux et, avec la meilleure grâce, se mettent au piano et accompagnent les artistes. Ce sont de vraies réunions de famille, comme les appelle M. Somasco, très simples, très cordiales, très gaies. M. Somasco les prolonge quelquefois, en invitant à sa table, tous les quinze jours, l'un ou l'autre ou plusieurs de ces jeunes gens. Et tous, pénétrés de reconnaissance, entourent M. Somasco et sa famille de respect et de sympathie.

« Remarquez que cette œuvre *a été fondée et entretenue et qu'elle est dirigée par un seul homme, sans concours étranger, sans comité, n'ayant d'autre soutien que sa femme et sa fille...*

« La Société des anciens élèves a un Annuaire régulièrement publié jusqu'ici. Et, tous les ans, elle donne, dans la salle du Musée industriel, que nous appellerons pour la circonstance la salle du théâtre, une belle fête : les parents y sont invités et les notabilités de Creil et les membres de l'enseignement public, et tous ceux qui portent quelque intérêt à l'École... »

De pareilles tentatives sont encore trop rares, mais on voit qu'elles sont possibles et qu'elles réussissent lorsqu'elles sont conduites avec intelligence et dévouement. En tous cas, elles nous indiquent la voie dans laquelle il faut entrer et que je voudrais essayer de préciser.

Je crois qu'il s'agit moins de donner une instruction théorique et d'après des livres qu'une instruction pratique, utilisable immédiatement pour s'élever, soit dans une profession en particulier, soit dans toute profession en général. Il faut que le jeune ouvrier reçoive l'impression très nette que cet enseignement est, pour lui, un bon outil, au moyen duquel il peut fabriquer les degrés qui lui permettront de monter. Il faut qu'il ait cette confiance; cette confiance doublera ses forces et excitera son énergie. Rien n'est compressif de toute initiative comme l'idée où est actuellement l'ouvrier qu'il est rivé, pour toute sa vie, à une condition misérable. Il n'y est rivé que par la mauvaise entente des procédés par lesquels on s'élève.

L'enseignement dont je parle doit avoir un objet différent suivant qu'il s'adresse à des ouvriers de l'industrie, ou à des employés de commerce.

Pour les *jeunes ouvriers de l'industrie*, la base de l'instruction doit être le dessin et les sciences naturelles, dont les applications ont imprimé à l'industrie moderne son prodigieux développement.

Entendez-moi bien, il ne s'agit pas de faire étudier dans des manuels, mais pratiquement, par des manipulations chimiques dans le laboratoire, par des expériences de physique, par l'étude des plantes et des animaux faite sur des spécimens réels et non sur des textes ou sur des images.

Les élèves doivent, en outre, avoir à leur disposition des collections bien faites et bien classées des divers produits de l'industrie avec l'indication des principaux centres de production et de consommation. Ils apprendront ainsi une géographie pratique dont ils comprendront l'utilité pour eux et qui se gravera d'autant mieux dans leur esprit.

Pour les *jeunes employés de commerce*, la base de cette instruction doit être l'étude des langues vivantes, dont la connaissance est indispensable pour ouvrir à nos produits des débouchés nouveaux.

On peut bien dire qu'à ce point de vue tout est à faire, car la crise intense et grandissante de notre commerce tient en partie à notre ignorance des langues étrangères. Les progrès si menaçants du commerce allemand ont été accélérés par ce fait que la plupart des maisons de commerce d'outre-Rhin ont des employés et, au dehors, des représentants, qui parlent et écrivent plusieurs langues. Avec chaque pays ces maisons traitent les affaires dans la langue du pays. Mieux renseignées que nous sur les articles demandés et sur la valeur de leurs clients, elles opèrent avec rapidité et en connaissance de cause. Elles n'attendent pas qu'on leur adresse des ordres, elles vont les chercher sur place et savent les provoquer.

Pour apprendre les langues, il faut commencer par nous débarrasser des procédés ridicules par lesquels on prétend nous les enseigner. On n'apprend une langue réellement et rapidement qu'en la parlant. Par cette méthode et pour des intelligences jeunes, les résultats sont surprenants.

Il s'agit donc d'organiser l'étude des langues vivantes en commençant non pas par la grammaire, mais par la pratique. J'affirme cela en connaissance de cause, car j'ai pu constater de près les résultats de cette méthode.

Est-il besoin d'insister sur l'intérêt qu'auraient nos commerçants à organiser, ou à encourager, un pareil enseignement, qui leur fournirait des employés sans lesquels le commerce français ne peut que péricliter.

Nous ne sommes plus à l'époque où le commerce était limité à une petite région. Les chemins de fer ont étendu la clientèle jusqu'aux extrémités du monde, et il faut être en état d'aller la chercher.

Outre l'étude des langues vivantes, cet enseignement devrait comporter des études de comptabilité pratique et de géographie commerciale. Mais la géographie devrait avoir pour complément des collections bien faites et bien classées, des divers produits échangeables, avec l'indication des pays d'exportation et des pays d'importation.

Surtout, cet enseignement ne devrait pas avoir le caractère théorique en usage dans nos cinq ou six Écoles de Commerce, où l'on n'apprend réellement ni les langues vivantes, ni la pratique des affaires. Jusqu'ici elles n'ont guère produit d'autres résultats que de dispenser quelques fils de riches commerçants de faire trois ans de service militaire.

Dans ces écoles on a la prétention ridicule de former les « officiers » du commerce. On ne devient officier, dans le commerce, qu'en commençant par être un bon soldat : et ce bon soldat ne se forme que par la pratique intelligente. Voilà une conviction que nos « grands » commerçants feraient bien d'inculquer à leurs fils.

Mais il ne suffit pas de donner à ces jeunes ouvriers et à ces jeunes employés cette instruction pratique. Il est encore indispensable de les rendre capables de s'élever socialement.

L'homme nouveau qu'il s'agit de former, pour le mettre à la hauteur des destinées nouvelles, doit pouvoir monter sans être déplacé.

Il ne s'agit pas de produire le type de l'ouvrier
ou de l'employé « endimanché » ; j'entends par
là un homme qui conserve, en s'élevant, les
habitudes, la tenue, les manières, les idées d'un
ouvrier ou d'un petit employé ; qui a un langage commun, des manières communes, qui
est négligé dans ses vêtements et dans sa personne et, pour dire les choses crûment, qui a
les mains sales et les ongles noirs.

Et ce n'est pas par un simple sentiment d'élé-
gance ou de raffinement qu'il faut veiller à
cela ; c'est parce que c'est là, pour le développement de l'industrie et du commerce, une
condition de succès, je ne dis pas que ce soit là
une condition suffisante (ce qui ferait le jeu des
petits officiers du commerce dont je parle plus
haut) ; j'entends que c'est une condition com-
plémentaire. Et voici pourquoi.

L'industrie et le commerce d'aujourd'hui ne
peuvent pas être pratiqués à la façon de la
petite industrie ou du petit commerce d'autrefois. Il y faut plus de largeur, plus d'ampleur,
plus d'ouverture d'esprit, plus de compréhen-
sion des raffinements qu'exige la clientèle ; une
partie du succès tient à la manière dont on sait
présenter les choses, les faire valoir et en même
temps se présenter et se faire valoir soi-même,

se tenir, s'exprimer, sentir et comprendre
l'aspiration du public vers des articles meilleurs, ou vers des articles plus brillants, ou
vers des articles plus élégants, ou seulement
plus commodes, en un mot plus adaptés à des
besoins qui vont se compliquant et se raffinant.

Il est clair que le montagnard auvergnat qui
vient établir à Paris sa pitoyable boutique ne
peut comprendre cela ; il lui manque, par le
fait même, un moyen de s'élever au-dessus de
la situation de petit marchand de bois ou de
brocanteur.

Il faut donc que l'instruction pratique, dont
nous venons de parler, soit complétée par tout
un système d'éducation.

Cette éducation doit d'abord avoir en vue le
corps, car c'est une de nos bêtises scolaires de
ne voir dans l'homme que la tête. Il faut dres-
ser ces jeunes gens à des habitudes régulières
de propreté. Il faut leur apprendre que l'eau
n'est pas l'ennemi du corps et qu'un ouvrier ou
un employé a le droit d'être aussi propre qu'un
gentleman, qu'il y a intérêt, car c'est là une
des manières de s'élever et de réussir.

Cette éducation doit ensuite viser à développer les aptitudes artistiques, le goût et le
sentiment du beau, non pas par un snobisme

de dilettante, mais parce que l'art, le goût et le beau sont un des éléments au moyen desquels on maintient à un pays, à une race, la supériorité industrielle et commerciale. Et cela constitue bien en ce moment, vis-à-vis de la concurrence étrangère, notre dernière cartouche. On aidera ce résultat en annexant à l'École un musée à la fois pratique et artistique.

Cette éducation doit encore avoir en vue de faire de cet ouvrier, de cet employé débutant, un homme du monde, j'entends par là un homme distingué, pour les raisons que j'indique plus haut. Pour obtenir ce résultat, il serait utile d'organiser des soirées littéraires, musicales ou mondaines, auxquelles assisteraient le patron et sa famille, afin de donner le ton et de relever le niveau. Le public anglais, qui, depuis un certain temps déjà, a compris l'intérêt et les conditions délicates de cette œuvre sociale, a imaginé plus d'un moyen pour y satisfaire, entre autres les *University settlements*, dont la presse française s'est récemment occupée.

Enfin, et c'est là l'objet essentiel, cette éducation doit développer au plus haut degré la volonté, et sous ce mot il faut comprendre l'initiative, l'énergie, la persévérance dans les entreprises, le sang-froid. Notez bien que ce sont là les conditions essentielles du succès dans l'industrie et dans le commerce.

Une de nos grandes infériorités est de nous laisser décourager par le premier échec ; nous ne savons pas poursuivre une entreprise qui exige une trop longue persévérance; nous voulons le succès immédiat, ou bien nous lâchons tout. En un mot, nous attendons ce succès beaucoup plus des choses que de nous-mêmes.

Cet état d'esprit sera modifié, la volonté, l'initiative seront développées par le seul fait que l'ouvrier acquerra la certitude, éminemment consolante et excitante, de n'être pas rivé fatalement à sa condition modeste, de pouvoir en sortir, d'être secondé dans cette entreprise d'émancipation, d'en être le principal agent. Et si l'aide, en ce point, lui vient du patron, le patron ne lui apparaîtra plus comme un ennemi, mais comme un aîné qui le précède, qui le guide dans la voie où chacun peut désormais s'engager, s'il s'en rend digne.

Et voilà comment la guerre de classes pourra être évitée, par la suppression des classes hermétiquement fermées.

Edmond DEMOLINS.

AVANT-PROPOS

LES DEUX TYPES SOCIAUX.

Quand on étudie méthodiquement l'organisation sociale des diverses races, on ne tarde pas à distinguer, au milieu de la masse des détails, les caractères essentiels de deux types nettement tranchés, qui se partagent, avec des nuances, l'espèce humaine tout entière. Le premier a pour coutume fondamentale le communisme ; on en trouve des spécimens complets dans les pâturages immenses des hauts plateaux asiatiques. Cette coutume existe aussi, plus ou moins atténuée, chez un grand nombre d'autres peuples ; elle est encore très prédominante en Orient sous sa forme initiale : la communauté de famille. En Occident, où elle subsiste aussi dans la plupart des pays, elle tend à prendre la forme plus compliquée de la communauté d'État. Le trait caractéristique de la formation communautaire, c'est la subordination de l'individu à la famille, ou à la nation, selon le cas. Il en résulte un affaiblissement considérable des initiatives et des énergies personnelles, qui est loin de trouver sa compensation dans l'exagération correspondante du rôle des pouvoirs publics, c'est-à-dire de la bureaucratie (1).

Le second type pratique est le particularisme; par un système d'éducation appropriée il s'attache à développer au maximum la valeur morale, physique et technique de l'individu, ce qui a pour effet direct de réduire au minimum le rôle de l'État. En effet, plus les particuliers agissent par eux-mêmes, moins les organismes artificiels du gouvernement ont à intervenir, cela va de soi. Par l'effet de circonstances historiques que l'on peut qualifier de providentielles, la race anglo-saxonne s'est totalement dégagée de la formation communautaire pour entrer dans la formation particulariste. Quel a été le résultat de cette évolution? Elle a donné aux Anglo-Saxons la force productrice et la puissance d'expansion que nous connaissons (2).

(1) On trouvera un exposé lumineux du détail de ces faits dans la revue *la Science sociale*. Paris, Didot, années 1886-1889.
(2) H. de Tourville : « Origine de la formation anglo-saxonne, » *Science sociale*, année 1897. — Edmond Demolins : *A quoi tient*

En France, les circonstances nous ont dégagés aussi, dans une large mesure, de la coutume communautaire. Mais l'évolution ne s'est
pas achevée : nous n'avons plus l'organisation
primitive de la race, et nous restons encore
hors de la formation particulariste. En d'autres
termes, nous sommes surtout des désorganisés,
c'est-à-dire que nous souffrons, sans aucune
compensation, les inconvénients d'une condition inférieure. Nous nous en rendons assez
généralement compte et nous faisons de grands
efforts pour bien comprendre notre situation et
découvrir les moyens de l'améliorer. Les uns
tournent leurs regards principalement vers
l'État et ne cessent d'implorer son secours ; ils
reviennent par là vers le communisme, forme
primitive et rétrograde. D'autres, au contraire,
— les représentants de l'école des économistes,
— réclament « la liberté », sans indiquer nettement la portée pratique de leur théorie. Mais
la liberté, c'est un principe, ou un état légal
qui s'en inspire. Or à quoi sert un principe,
si on ne l'applique pas, ou un régime établi
légalement si personne ne sait en profiter pour

la *supériorité des Anglo-Saxons*. Paris, Didot, 1897. — P. de
Rouviers : *La Vie américaine*. Paris, 1892, Didot ; — *la Question
ouvrière en Angleterre*, 1894 (*ibid.*), t. I ; — *Trade-Unionisme
en Angleterre*. Paris, 1896,. Colin.

agir? Il ne suffit donc pas de proclamer l'évidente utilité de la liberté, il faut surtout montrer la nécessité d'en jouir d'une manière qui puisse profiter à tous, et indiquer les meilleurs moyens d'y réussir.

Enfin beaucoup de bons esprits ont mis leur confiance dans le développement de l'instruction à tous ses degrés. Depuis plus de vingt-cinq ans, on travaille avec une remarquable activité à la réalisation de cet idéal. Mais où nos maîtres sont-ils allés chercher leur méthode? En Allemagne, dans un des pays d'Occident où la tradition communautaire a laissé les traces les plus profondes. Aussi leur échec a-t-il été complet. M. G. Deschamps le constatait récemment dans les termes les plus catégoriques :

« Or cette pédagogie, dit-il, qui devait nous donner des générations nouvelles et dont nous espérions une jeunesse forte par le caractère, par l'intelligence, par les mœurs, a déçu notre attente, si nous en croyons des témoins dignes de foi, dont quelques-uns, dans le principe, se montrèrent fort enclins aux innovations. Les aveux se multiplient très précis, très détaillés, très inquiétants (1). »

Cette faillite de l'instruction vient surtout du

(1) Journal *le Temps*, 22 août 1897.

fait que, chez nous, elle manque généralement
d'une base essentielle : l'éducation, et cela
dans toutes les classes de la société. Les enfants
des familles aisées sont abandonnés à l'inter-
nat, ceux des ouvriers le sont trop souvent à la
rue, c'est-à-dire aux pires entraînements. Tant
que les choses resteront ainsi, il n'y aura rien à
faire ; nous tournerons sans cesse dans un
cercle sans issue. Oui, nous devons, comme le
dit encore M. Deschamps avec un courageux
optimisme, recommencer notre pédagogie sur
nouveaux frais. Mais ne commettons plus la
même erreur en nous bornant à copier, par un
entraînement irréfléchi, les procédés de tel ou
tel peuple. Recherchons tous les moyens d'éducation, d'où qu'ils viennent, étudions soigneu-
sement leurs effets, et approprions-les à nos
besoins. Nous sortirons ainsi de l'ornière où
un aveugle despotisme nous a fait verser et où
nous demeurons avec une obstination non
moins aveugle. Efforçons-nous, avant tout, de
faire des hommes, et, après cela, nous pouvons
être certains que les hommes instruits ne nous
manqueront pas.

Dans ce petit volume nous avons cherché à
montrer ce que les patrons pourraient faire,
pendant la période transitoire où nous vivons,

pour améliorer l'éducation de la classe ouvrière,
en même temps que sa condition matérielle.
C'est le résultat d'observations recueillies en
pleine vie industrielle et ouvrière que nous y
avons consigné, et non point des théories abs-
traites. Il nous a paru utile de vulgariser autant
que possible des pratiques dont la portée peut
devenir considérable, puisqu'elles ont précisément une influence éducatrice de premier ordre.
Or, répétons-le à satiété, ce qui nous manque
le plus en France, dans toutes les classes, ce
n'est ni l'intelligence, ni le savoir, ni le talent,
c'est l'éducation, orientée dans le sens naturel
et pratique du libre développement de chaque
individu en particulier, et non pas dans la direction théorique et fausse de l'organisation socialiste, c'est-à-dire communautaire.

GUERRE DE CLASSES

PEUT-ELLE ÊTRE ÉVITÉE

ET

PAR QUELS MOYENS PRATIQUES ?

I

PATRONS ET OUVRIERS

L'organisation du travail, ses éléments. — Le patron, son rôle social. — Influences qui agissent actuellement sur le patronat. — Le patronage, son caractère ; le patronage libéral. — Les expédients sociaux. — Difficultés actuelles du patronage. — L'ouvrier, formation sociale de la classe ouvrière française. — Les crises du travail. — L'organisation ouvrière, sociétés et syndicats. — Progrès individuel ou progrès collectif. — Action directe du patron sur l'éducation ouvrière. — Le salaire doit-il être supprimé ? — Conclusion.

I

Une loi naturelle oblige rigoureusement les hommes au travail, sans lequel il leur serait impossible de subvenir à leur existence. Cela est si évident en soi que tout essai de démonstration

1

tournerait à la puérilité. Sans doute, les circonstances de la civilisation permettent à certaines
personnes de vivre dans l'oisiveté ; mais ces personnes, qui jouissent d'une situation exceptionnelle au milieu de la masse des travailleurs, con-
somment réellement les produits accumulés,
économisés, d'un travail antérieur. L'accumulation, la *capitalisation* de ces produits peut être
l'œuvre de ceux mêmes qui en jouissent ; elle est
due souvent aussi à leurs parents, dont ils ne sont
que les heureux héritiers. Dans tous les cas l'oisiveté aisée s'appuie sur une activité passée dont
les effets s'étendent sur plusieurs générations.
Autrement, celui qui prétend vivre à ne rien faire,
ou s'y trouve obligé par l'accident, la maladie ou
la débilité sénile, tombe à la charge de ses compatriotes et subsiste du travail d'autrui. Ces exceptions ne font donc que confirmer la règle. On
peut dire même que la loi du travail est si absolue
que la famille, soustraite à son empire par la prévoyance des ancêtres, une éducation fausse et des
préjugés aveugles, ne tarde pas à déchoir et à
retomber sous la loi de la nécessité commune. Des
bouleversements politiques ou économiques, les
influences immorales de la vie oisive, les habitudes de gaspillage qui en résultent dispersent à
la longue les fortunes les mieux assises, quand
personne ne se préoccupe de les renouveler, et il
arrive toujours un moment où, les réserves an-

ciennes étant épuisées, il faut se remettre à l'œuvre pour assurer le pain quotidien.

Le travail a donc pour but de soutenir la vie de l'homme au moyen de la transformation des éléments fournis par la nature. Il peut être assez simple, et se borner par exemple à l'art pastoral ou à la chasse, avec les soins élémentaires d'une industrie ménagère réduite à sa plus faible expression. Il peut être, au contraire, extrêmement complexe ; nous en savons quelque chose dans nos sociétés d'Occident, parvenues à un degré de civilisation très avancé. Dans tous les cas, simple ou complexe, *le travail est une manifestation sociale organisée*. Son organisation est élémentaire tant qu'il conserve des formes primitives ; elle se complique avec lui et soulève, chemin faisant, des questions sociales de plus en plus délicates, comme le progrès de méthodes industrielles fait surgir des problèmes techniques de plus en plus difficiles à résoudre.

Ainsi, dans certaines conditions, sur lesquelles nous n'avons pas à insister ici (1), le personnel de l'atelier ne dépasse pas les limites de la famille, dont le père est, à la fois, le chef et le patron industriel. Il va sans dire que, dans de telles conditions, beaucoup de difficultés sont évitées. Ail-

_____

(1) On trouvera des détails très intéressants sur l'évolution du travail et sur ses conséquences sociales dans la revue *la Science sociale*, années 1886 et s., article de M. E. Demolins.

leurs l'atelier s'organise autrement ; un artisan
fait appel à la main-d'œuvre extra-familiale. Il
introduit dans son atelier un ouvrier qui ne lui
est attaché par aucun lien naturel. Aussitôt apparaissent la question des engagements, celle du
salaire, celles des accidents, de la maladie, du
chômage, qui accompagnent nécessairement le travail salarié. Vienne à présent le grand atelier mécanique, qui groupe des centaines, parfois même des
milliers d'ouvriers, et nous verrons toutes ces questions prendre des proportions immenses, comme
les causes dont elles sortent.

L'organisation du travail, considérée seulement
au point de vue de l'atelier patronal, en négligeant
tout ce qui se rapporte à l'atelier purement familial,
repose sur trois éléments essentiels, qui se complètent l'un par l'autre et sont, par conséquent,
nécessaires les uns aux autres. Ce sont : 1° le
maître de métier ou patron, qui apporte dans l'affaire l'intelligence, le savoir, l'expérience technique, le sens des combinaisons commerciales,
en un mot l'action dirigeante. C'est lui encore
qui fournit le second des éléments indispensables
pour assurer la bonne marche d'une entreprise ;
2° le capital, réserve de travail accumulé, sans
laquelle le travail actuel manquerait de matière
première et d'outils pour exercer son activité ;
3° la main-d'œuvre ouvrière, ou force exécutante,
qui s'aide plus ou moins de la machine pour acti-

ver, régulariser et souvent perfectionner sa production.

Tels sont les agents permanents de l'organisation du travail. Chacun a sa fonction précise, qu'il
doit remplir pleinement, consciencieusement, sans
interruption. Sinon, les difficultés apparaissent, le
désordre s'introduit, l'indiscipline et la mésintelli-
gence se répandent, en un mot le travail se désor-
ganise et ne donne plus tous les résultats utiles
qu'il doit normalement fournir. C'est ce dont nous
nous rendrons mieux compte en étudiant à part
et avec plus de détail, parmi les trois agents que
nous venons d'énumérer, ceux qui exercent directement l'action sociale, c'est-à-dire le patron et
l'ouvrier. Le troisième, le capital, est passif entre
les mains des deux autres et remplit surtout une
fonction économique dont nous n'avons pas à
nous occuper ici, sauf d'une manière incidente.

II

Le patron est appelé à jouer dans l'organisation du travail un beau et noble rôle : il prévoit,
il dirige et il aide. Sa capacité technique, son
intelligence, son esprit de prévoyance font de lui
la cheville ouvrière de l'atelier. Sans le patron,
point d'affaires, point d'ordre et, par conséquent,
point de groupement de production, point de travail. Parfois, cependant, il arrive que dans une
entreprise on ne rencontre pas le type du patron
proprement dit, propriétaire et maître absolu de
l'atelier. C'est le cas, par exemple, pour les combinaisons collectives, comme les sociétés anonymes
ou les associations coopératives. Mais, dans ce cas,
le patron est remplacé par un agent : directeur, gérant, comité exécutif, auquel on s'efforce
d'ailleurs de donner, autant que possible, le
caractère patronal, au moyen de diverses combinaisons plus ou moins artificielles. Mais il est difficile de remplacer le vrai patron, surtout celui
qui, connaissant bien ses droits, se fait en même

temps une juste et haute idée des devoirs et des obligations sociales que sa situation lui impose.

Nous disions, en effet, tout à l'heure que le patron prévoit, dirige et *aide*. Qui aide-t-il, ou plutôt qui doit-il aider ? les familles ouvrières qui coopèrent avec lui à l'œuvre du travail, et vis-à-vis desquelles il est lié par deux contrats : l'un civil et réglé par la loi ou la coutume ; l'autre social, plus large, extra-légal, abandonné en quelque sorte à la bonne volonté des parties, mais qui n'en a pas moins sa sanction inévitable, comme nous le verrons par la suite. En quoi consiste ce contrat social, tacite et naturel, qui naît de lui-même entre patron et ouvrier dès qu'ils ont souscrit un engagement de travail ? Il comporte des obligations réciproques, cela va de soi. Nous parlerons tout à l'heure de celles qui incombent à l'ouvrier. Quant au patron, nous résumerons les siennes en cette courte formule : il doit faire de son mieux pour aider ceux qu'il emploie à se garantir contre les risques qui menacent la sécurité de leur existence. Ce n'est pas là, qu'on le remarque bien, un simple devoir de confraternité, dicté par la religion ou la philanthropie. C'est, dans tous les cas, un principe d'économie sociale dont la non-application peut entraîner des conséquences fort graves au point de vue soit de l'intérêt général, soit des intérêts privés du patron qui le néglige, soit enfin de l'ouvrier qui travaille pour

ce patron. Nous citerons à l'appui l'opinion émise
par des hommes dont la longue expérience de praticiens doit inspirer toute confiance. « Un patron,
disait Baille-Lemaire(1), doit munir sa maison d'institutions de prévoyance ; il doit avoir une organisation sociale comme il a un outillage mieux
approprié aux nécessités actuelles, et cela parce
que ces deux termes ont la même fonction, qui est
d'obtenir une fabrication plus active et des produits meilleurs. Les deux outillages, mécanique
et social, ne devraient jamais être séparés. »

Dans le même sens, le vénérable Engel-Dollfus
a écrit : « Il m'est aussi difficile d'admettre l'existence d'un établissement manufacturier sans caisse
de secours, sans caisse de retraites, sans de nombreuses annexes de toutes sortes en faveur de la
classe ouvrière, qu'il me serait possible, par
exemple, de concevoir le grand commerce exté-
rieur sans l'assurance maritime, ou toute grande
exploitation industrielle sans l'assurance contre le
feu. »

Et encore M. Van Marken, un fabricant néer-
landais fort éclairé :

« Pourquoi vote-t-on des fonds d'amortissement? Afin de ne pas être exposé à se trouver un
jour, avec des bâtiments et un matériel usés, en

_____

(1) Baille-Lemaire, devenu un grand industriel parisien, a débuté
de la manière la plus modeste et donné l'exemple des plus hautes
capacités patronales.

face d'une caisse vide... On doit voter des retraites pour les ouvriers, afin de n'avoir pas plus tard à entretenir un hospice de vieillards.»

Tel est le véritable aspect des choses, et il nous serait facile d'ajouter de nombreux témoignages, tous très autorisés, à ceux que nous venons d'enregistrer. Si dans le patronage, exercé avec conscience, avec esprit de suite et avec bienveillance, la charité chrétienne et la philanthropie trouvent naturellement leur compte, il est bien certain aussi que la bonne direction du métier, la stabilité et la prospérité des entreprises dépendent, dans une large mesure, de la manière dont le patron comprend son rôle et remplit ses obligations sociales.

Nous devons d'ailleurs remarquer immédiatement qu'ici, comme en tout, l'éducation joue un grand rôle. Certains hommes, doués d'une intelligence d'élite, ont en quelque sorte l'intuition des choses, ou du moins un sens observateur assez fin pour discerner le bien et le bon partout où ils se rencontrent; mais c'est là plutôt une exception. Beaucoup de chefs de maison ne comprennent pas la portée utile de ce côté de leur situation. Ils y voient une pure question de sentiment, qu'ils écartent en affectant d'opposer des vues pratiques à ce qu'il leur plaît de nommer des rêveries huma-

1*

nitaires. Nous avons entendu plus d'un patron
dire : « Quand mes ouvriers m'ont fourni leur
travail, je le leur paye, et tout est fini; je n'ai plus
à m'occuper d'eux. » C'est là une application
étroite et bornée de ce qu'on a appelé les « lois
économiques »; c'est en même temps la méconnaissance absolue des faits les plus élémentaires
de l'organisation normale du travail. Or cette
méconnaissance provient, dans la plupart des cas,
d'une formation incomplète chez ceux qui sont
appelés à l'œuvre délicate et difficile de la direction dans cette même organisation.

La plupart du temps, les hommes qui pensent,
parlent et agissent ainsi, sont des patrons en
quelque sorte improvisés, d'anciens ouvriers, des
employés parvenus. Ils n'ont point reçu l'éducation patronale dans son sens social ; souvent même,
ils ont eu à souffrir de son absence chez leurs
anciens employeurs, et, les exceptions mises à
part, ils ne savent en discerner ni les principes
moraux, ni l'utilité pratique. Les jeunes ingénieurs,
sortis des écoles ne sont guère mieux préparés,
même au point de vue théorique, car l'enseignement de l'économie sociale est encore fort imparfait ou même tout à fait nul. Considérons, au
contraire, les éléments sortis d'une famille industrielle ancienne, fortement organisée sur une
base stable et dirigeant une affaire depuis plusieurs
générations. Il est évident qu'elle pourra fournir

des hommes munis d'une préparation supérieure,
à tous les points de vue, pour la conduite d'un atelier. Ils seront tout naturellement pénétrés d'un
sentiment professionnel, d'une tradition sociale,
que d'autres ne pourront acquérir que par un
effort intellectuel considérable et grâce, en outre, à
des circonstances difficiles à réunir. Sans doute,
de telles familles ne donneront pas toujours et à
coup sûr des patrons distingués, complets ; elles
ne peuvent, cependant, manquer d'en former de
très bons, et les moins bien préparés ne seront
pas sans conserver des traces de leur formation
première. Les circonstances modernes qui tendent
à désagréger les vieilles familles industrielles et
commerciales exercent ainsi sur le patronat une
influence fâcheuse. En introduisant dans le groupe
familial une instabilité qui tend à le disperser d'une
façon complète à chaque génération, elles rompent
le sentiment de solidarité entre le patron et
l'ouvrier. Cela rend plus difficile la fondation de
ces institutions de prévoyance qui se transmettent
bien de père en fils, mais dont un successeur
indifférent, peu éclairé sur leur portée économique
autant que sociale, et enfin pressé avant tout de
s'enrichir, n'accepte pas volontiers la charge. Il
les considère comme des servitudes qui grèvent
sa propriété en la dépréciant, et il s'empresse de
les supprimer. C'est ainsi que la famille patronale
instable est portée à s'isoler de la famille ouvrière,

si bien que chacune vit de son côté comme elle peut, sans contact avec l'autre. Elles ne se connaissent plus, et cela est un malheur, car bien, des malentendus sociaux n'ont pas d'autre cause.

Lorsque les choses sont arrivées à ce point, le patron tourne facilement au pur maître d'atelier, au simple employeur, dont la préoccupation constante est d'organiser le travail à son profit exclusif, sans aucun souci du bien-être, de la sécurité, de l'éducation de l'ouvrier.

L'évolution contemporaine de l'industrie, qui tend à concentrer les capitaux, les machines et les ouvriers en grands ateliers, a amené la multiplication toujours croissante des sociétés d'actionnaires. Cette combinaison, qui présente sans doute de grands avantages au point de vue purement économique, offre des inconvénients sous le rapport de l'exercice du patronage. En effet une telle société est composée de personnes qui sont seulement des bailleurs de fonds et qui n'agissent pas par elles-mêmes. Leurs agents sont préoccupés avant tout, au moins en règle générale, de satisfaire pleinement les capitalistes maîtres de l'affaire, en faisant produire à celle-ci des dividendes aussi réguliers et aussi élevés que possible. Ces agents n'ont, en somme, ni la qualité, ni l'autorité décisive, ni

les obligations, ni les devoirs du patronage, sinon
par simple délégation, et il n'est pas surprenant
que le patronage, c'est-à-dire le côté social de la
fonction du patron, disparaisse ou soit atténué.
Pourtant il arrive assez souvent que des directeurs
d'entreprises industrielles par actions, concevant
avec une noble intelligence ce qui manque à leur
situation, essayent d'y pourvoir de leur mieux.
Parfois aussi, ils trouvent dans les actionnaires
qu'ils représentent une confiance et une bonne
volonté parfaites, si bien qu'ils peuvent créer au
profit du personnel des œuvres sociales de valeur.
Mais ces œuvres présentent presque toujours, dans
ce cas, le caractère d'organes administratifs artificiels, dont la raideur nuit d'une manière inévitable au résultat final (1). C'est qu'en effet le vrai
patronage ne consiste pas en une domination plus
ou moins exigeante et impérieuse, fût-elle tempé-
rée par une paternelle bienveillance. Cette observation nous amène précisément à formuler une
remarque de grande importance.

La manière d'agir du patron vis-à-vis de son
personnel peut être inspirée par deux principes

(1) S'il en est ainsi dans le rayon restreint d'une seule entreprise
organisée sous la forme de société par actions, que serait-ce le
jour où un peuple tout entier serait embrigadé sous l'autorité de
l'État et sous la conduite de ses fonctionnaires ?

très différents. Le premier conduit à l'organisation
d'un patronage que nous appellerons *patriarcal*,
parce qu'il s'inspire, pour régler les rapports entre
maître et ouvriers, du type idéalisé de la famille
biblique. Le second peut être qualifié de libéral,
ou encore mieux de *particulariste*, car, au lieu de
s'appliquer à maintenir l'ensemble d'un groupe
ouvrier dans une position moyenne de bien-être,
il s'applique à développer dans chaque individu
en particulier les qualités et l'initiative personnelles. Quel est celui des deux systèmes qu'il faut
préférer? La question étant capitale, nous allons
l'examiner en détail.

Le patronage à forme patriarcale s'attache avec
une sollicitude noble et respectable à améliorer la
situation morale et matérielle des familles ouvrières, en les mettant à l'abri, autant que faire
se peut, de toutes les causes de corruption ou de
misère qui les menacent. Dans ce but on les soumet à une tutelle assurément bienveillante et
douce, mais indéfinie ; on se plaît ainsi à considérer
l'ouvrier comme un mineur qui doit rester toute
sa vie soumis à l'autorité forte du chef de famille,
c'est-à-dire du patron. Avec ce système l'idéal
consiste à lier étroitement l'ouvrier à l'entreprise, en le délivrant, en échange, le plus possible
du souci de l'avenir et de l'effort personnel. Il
semble en effet, au premier abord, que par là
chacun reçoive satisfaction, le maître étant pourvu

de la main-d'œuvre dont il a besoin, le travailleur ayant son pain quotidien à peu près assuré. L'expérience prouve cependant que cela ne suffit pas pour servir également les intérêts des deux parties; nous allons nous en rendre compte à l'instant. Mais constatons d'abord qu'en formulant ainsi la tendance de ce type de patronage nous ne faisons pas une hypothèse gratuite. Cette combinaison a été pratiquée, avec les atténuations que nécessitent nos lois et nos mœurs, par des patrons respectables entre tous, et rien n'empêche les hommes de bonne volonté de les imiter, d'obtenir comme eux des résultats qui ne sont ni sans valeur, ni sans efficacité. Pouvons-nous cependant recommander le patronage patriarcal? Non, parce qu'il présente, au point de vue du développement social et des besoins spéciaux de notre époque, les plus graves inconvénients.

Ces inconvénients sont de deux sortes. D'abord, un tel système a pour effet de river trop solidement les individus à leur condition : il ne fait rien, ou peu de chose, en faveur des gens aptes à s'élever ; il ne produit que très exceptionnellement la sélection qui pousse en avant les hommes de valeur, pour recruter la classe dirigeante. En un mot, il organise la stagnation sociale dans un état plus ou moins complet de sécurité matérielle. En second lieu, en enlevant aux ouvriers presque toute initiative, en ne leur demandant que d'accep-

ter la tutelle patronale, on les laisse sans préparation pour résister aux difficultés éventuelles,
aux crises possibles de la vie industrielle. Notre
époque est trop agitée, trop troublée par les mille
hasards de la concurrence, pour qu'un tel régime
lui convienne. Il tend à maintenir les ouvriers
dans une sorte d'enfance calme et protégée, tandis qu'il convient d'en faire, au contraire, des
hommes énergiques, capables de se tirer d'affaire
au besoin par leur propre activité et non pas seulement par l'effet de la prévoyance et l'appui
d'autrui.

C'est précisément dans le sens contraire que
doit agir, pour l'avantage commun des maîtres et
des ouvriers, le patronage que nous avons appelé
libéral. On peut en donner la formule dans les
termes suivants : attacher l'ouvrier à l'entreprise
par son propre intérêt, jusqu'au jour où il trouvera
mieux, et le préparer à profiter des occasions de
s'élever. Cette formule paraîtra peut-être, au premier abord, empreinte d'un altruisme exagéré.
Mais, si l'on prend la peine de bien réfléchir, de
bien apprécier le fond des choses, on verra qu'elle
est basée, au contraire, sur l'intérêt bien entendu
des deux parties. En effet, si le patron s'efforce de
perfectionner, au triple point de vue moral, social
et technique, les familles qui lui fournissent son
personnel, il en tirera à coup sûr une main-d'œuvre
plus régulière, plus stable, plus productive, que

si ces mêmes familles sont démoralisées, imprévoyantes, affaiblies par la misère, la maladie et le vice. Il y a donc tout avantage pour le maître à régler sa conduite dans ce sens. Quant à l'ouvrier, qui pourrait hésiter à croire que l'on sert son intérêt de la manière la plus directe, en exerçant sur lui une action éducatrice progressive ? Lorsque les choses sont ainsi comprises, la masse des individus de capacité ordinaire déploie volontiers dans le travail les qualités moyennes dont elle est susceptible : soin, économie, conscience, discipline, expérience technique, en échange des avantages, de la sécurité que lui offrent les institutions patronales. Les individus de choix sont poussés en avant, développent leurs qualités exceptionnelles, en font profiter la maison pendant un certain temps, puis, s'ils trouvent une occasion de monter au rang supérieur, ils la saisissent en s'appuyant au besoin sur l'établissement qu'ils ont servi et qui a utilisé leur intelligence pendant une période plus ou moins longue. Il y a bien là réciprocité, solidarité, harmonie des intérêts, profit réciproque chez les personnes en cause, et en même temps avantage pour la société, car c'est ainsi que se fait le progrès social : par l'accession constante des capacités au niveau qui leur convient. Enfin cette tendance à former des hommes peut faciliter les transitions en cas de crise, en préparant les familles ouvrières à les mieux supporter. Cette préparation résulte

tout naturellement du jeu des institutions patronales lorsqu'elles sont bien combinées pour armer
l'ouvrier contre les difficultés d'une carrière rendue
parfois si précaire. Dans ce but, de telles institutions doivent répondre aux besoins suivants :

Éducation, instruction et formation technique de
l'apprenti ou du jeune aide ;

Développement intellectuel, professionnel et
social du jeune ouvrier ;

Aide à la famille ouvrière au moyen d'institutions de prévoyance pour les cas de maladie, de
chômage, de décès ;

Sécurité de la vieillesse par la constitution d'un
fonds d'économies (1).

Dans tous les cas il est essentiel que l'ouvrier
soit associé, dans la mesure du possible, à l'organisation et au gouvernement des institutions qui l'intéressent. Il doit sentir de la manière la plus nette
que le succès de ces combinaisons dépend de son
action propre, de son intelligence, de son activité,
de son zèle, de son esprit de prévoyance, en un
mot de son développement personnel, et non pas
seulement de l'initiative, de l'autorité et de la
bonté du patron. C'est la meilleure manière de
réaliser un progrès social profond et durable au
profit commun de toutes les classes de la nation.

---

(1) Nous donnerons tout à l'heure des exemples frappants des
résultats obtenus par les institutions de ce genre.

En résumé, le patronage, c'est-à-dire l'action
personnelle et permanente du patron en faveur
du développement individuel et de la sécurité de
l'ouvrier est un rouage social qui joue un rôle
prédominant dans l'organisation du travail. Quand
le patronage est mal pratiqué, on voit se produire
des abus et naître des misères, qui conduisent
directement à la guerre de classes : travail trop
prolongé ; emploi exagéré des femmes et des
enfants ; surproduction et chômages fréquents ;
fraudes dans le payement des salaires. Il en résulte le dénuement, la maladie, la mortalité excessive parmi les familles ouvrières ; l'ignorance,
la brutalité, l'immoralité chez les exploités ; des
vices de toute nature chez les exploiteurs. Dès
lors, apparaissent aussi les remèdes artificiels,
palliatifs incomplets et insuffisants qui ne sauraient ni soulager tant de maux, ni surtout en
faire disparaître la cause première. Ce sont d'abord
les œuvres de charité,⁴ inspirées par un zèle toujours louable, parfois admirables, mais dont l'inévitable inconvénient est de contribuer à faire durer
le mal dont elles atténuent partiellement les funestes effets. Plus tard, les pouvoirs publics, mis
en éveil par l'extension croissante des éléments
de désordre, interviennent à leur tour afin de protéger le faible contre le fort qui abuse de sa position. Leur réglementation stricte et raide vise à
fixer d'une manière uniforme toutes les allures de

l'industrie, et elle devient bientôt si gênante que
tous, ouvriers et patrons, sont d'accord pour l'élu-
der le plus souvent possible. Chose plus grave
encore, le développement du socialisme d'État,
conséquence forcée de cette intervention, tend à
ruiner les peuples par l'exagération des charges
publiques et à leur enlever toute chance de relève-
ment en détruisant jusque dans ses racines l'esprit d'initiative privée. Un industriel berlinois,
M. W. Borchert jeune, écrivait à ce propos, il y a
quelques années :

« Aujourd'hui que l'État se fait fort de résoudre
le problème social par des assurances d'État
contre les accidents et pour la vieillesse, il n'y a
réellement pas lieu d'engager les industriels privés à organiser et à développer avec un zèle et un
amour particuliers les institutions humanitaires.
Le socialisme d'État ébranle la foi des ouvriers
dans de semblables institutions, et l'entrepreneur
peut s'attendre, selon toute apparence, à ne recueil-
lir en échange de ses sacrifices pécuniaires que la
méfiance et l'ingratitude. » Si un tel sentiment de
découragement et de crainte se propageait, le mal
deviendrait sans remède.

Le résultat obtenu par ces moyens est donc toujours ou minime, ou mauvais(1). Rien ne vaut

(1) C'est un fait maintenant bien établi que les assurances d'État,
créées en Allemagne et en Autriche il y a quelques années, sou-
lèvent dès à présent de vives plaintes. Dans le premier de ces

évidemment le mécanisme naturel, simple, d'une
parfaite souplesse, constitué par le patronage. Lui
seul peut donner à l'industrie la paix et la sécurité dans les rapports, la conscience et l'économie
dans la production, de meilleures chances de profit
pour le patron, une existence plus sûre et plus
aisée, un avenir plus large pour l'ouvrier. Par
conséquent, s'il est au monde une œuvre d'éducation qui s'impose, c'est celle qui consiste à répandre, parmi les jeunes gens destinés à devenir
des patrons, la notion claire et précise des obligations du patronage et de la forte sanction qui y
est attachée par la nature même des choses.

On sera tenté peut-être de nous objecter que
les conditions actuelles de l'organisation du travail
sont compliquées au point de rendre bien difficile
l'exercice du patronage, tel que nous venons de
le décrire sommairement. Nous n'ignorons pas
que la généralisation du moteur à la houille et
du machinisme, en formant la grande usine, en
multipliant les sociétés par actions, a fait au patronage une situation nouvelle. Cette situation est plus

pays les charges annuelles vont grossissant dans une proportion
effrayante ; les plaintes s'élèvent de toutes parts, même parmi
les ouvriers. En Autriche, où le système devait occasionner,
disait-on, une charge fixe, connue d'avance, les frais annuels
s'augmentent de dépenses imprévues, de telle [sorte que beaucoup de corporations sont en déficit et que les autres ploient
sous le faix. On sait que les Trade-Unions anglaises ont repoussé
avec énergie l'idée d'introduire dans le Royaume-Uni ces institutions dangereuses pour la liberté et l'initiative individuelle.

ardue au point de vue technique comme au point
de vue social. Mais, si l'on parvient à se mettre
à la hauteur des exigences du métier au moyen
d'une instruction plus solide et d'un effort plus
assidu, ne peut-on s'élever de même au niveau
des circonstances sociales de l'époque ? Il suffit
en cela de vouloir, pour réussir presque à coup
sûr ; des exemples nombreux le démontrent
d'une manière évidente. C'est ce qui nous permet
de dire que la responsabilité des difficultés
ouvrières présentes incombe pour une large part
à l'insuffisance d'un grand nombre de chefs de
maison, en ce qui touche le côté social de leur
situation. Dans la plupart des cas, les entraves
dont ils se plaignent résultent directement de la
médiocre organisation sociale de leurs ateliers,
bien plus que de la complication économique ou
technique du métier. Il faut bien reconnaître d'ailleurs que, si l'instruction professionnelle est aujour-
d'hui très développée, l'éducation sociale est, au
contraire, tout à fait négligée. Cette lacune suffit
pour expliquer pourquoi l'on arrive plus aisément
à résoudre les problèmes mécaniques et économiques que les difficultés ouvrières. Il faut absolument combler cette lacune.

Puisque les circonstances modernes, qui présentent à la fois tant d'avantages et de si graves
inconvénients, tendent à rompre de plus en plus
les traditions et à multiplier les patrons impro-

visés, il s'agit de pourvoir aux besoins nouveaux
qui en résultent, en s'attachant à répandre, à vulgariser parmi la jeunesse appelée à faire des
études spéciales, des notions précises d'économie
sociale. Et dans un tel enseignement la place la
plus large doit être laissée aux indications pratiques ; en d'autres termes, il est indispensable
qu'il soit basé sur l'observation scientifique directe,
et non pas sur des théories de cabinet. Autrement,
il prendrait aussitôt ce caractère philosophique et
académique qui jusqu'ici a frappé l'enseignement
de l'économie politique d'une irrémédiable stéri-
lité au point de vue de la solution des questions
sociales.

Voilà donc, en un résumé très concis, la part
qui incombe au patron dans la grande tâche de
l'organisation du travail. Il nous faut à présent
essayer de préciser avec la même brièveté ce qui
concerne le rôle de l'ouvrier (1).

_____

(1) Nous ne parlons ici que de *l'ouvrier*. Est-il besoin de dire que
nos observations s'appliquent avec la même force à ce qui concerne *l'ouvrière*. Nous n'insistons pas sur ce côté de la question
pour ne pas compliquer notre exposé, voulant le faire aussi
simple que possible. Signalons seulement l'influence éminente
que les femmes et les filles des patrons industriels pourraient
exercer sur l'éducation des jeunes ouvrières, et par là sur celle
des enfants que ces ouvrières auront un jour à élever. Ce beau
rôle est fait pour tenter les femmes françaises, qui si souvent
apportent à faire le bien une ardeur infatigable.

III

Si le patron occupe dans l'organisation du travail une place nécessairement prépondérante, celle de l'ouvrier n'en est pas moins considérable, car en fait rien ne peut le remplacer. Là même où les machines les plus ingénieuses, les plus souples et les plus dociles ont été créées, l'homme est toujours nécessaire pour donner l'impulsion première, pour surveiller, entretenir ou suspendre la force aveugle qui travaille à sa place. Si l'appropriation des forces naturelles aux besoins de l'industrie a causé partout des crises temporaires graves au détriment de la main-d'œuvre, elle a finalement tourné au profit de celle-ci. En effet le bon marché de la production, conséquence du machinisme, a étendu la consommation à tel point, qu'il a fallu le plus souvent, après un certain temps de transition, plus de bras pour diriger les machines que la fabrication à la main n'en occupait auparavant. Et, de plus, les ouvriers sont en général mieux payés pour un travail moins

pénible. Les choses ne peuvent du reste aller
autrement, car quelle serait la valeur d'une invention susceptible de supprimer complètement
la main-d'œuvre ? En plongeant dans la plus
sombre misère tant de milliers d'individus, dont
la consommation se réduirait au strict minimum,
elle se fermerait à elle-même son principal dé-
bouché. Il est heureusement impossible, du reste,
d'aller jusque-là. Aussi peut-on affirmer que la
machine restera toujours, pour l'ouvrier, un précieux auxiliaire, pourvu que le salarié sache tirer
parti des circonstances nouvelles. C'est dans ce
sens qu'il faut le diriger et l'instruire.

La situation actuelle des ouvriers, dans presque
tous les pays et spécialement en France, paraît être
toute de transition. Jusqu'à la fin du xviiie siècle,
le régime corporatif les a maintenus dans les liens
d'une sujétion étroite vis-à-vis du patron. Du
reste, la grande industrie n'existait guère alors, et
des coutumes encore vivaces assuraient aux compagnons de métier les bénéfices d'un patronage
trop paternel, trop assujettissant, mais du moins
protecteur. La suppression des corporations libéra
l'ouvrier, mais dispensa du même coup le patron
de ses obligations traditionnelles. Cette séparation
ne se fit pas du jour au lendemain ; cependant la

formation des grands ateliers, les progrès de la
spéculation internationale, la désorganisation des
familles patronales, favorisèrent promptement la
vulgarisation de mœurs nouvelles, consacrées
d'ailleurs avec une rigueur excessive par les doctrines absolues de l'économie politique. Le travail
fut déclaré simple marchandise ; l'ouvrier, abandonné à lui-même après des siècles de dépendance,
dut défendre seul ses intérêts en face d'employeurs
souvent anonymes, qui dans bien des cas l'exploi-
taient avec une avidité révoltante. Les pouvoirs
publics, portés au plus haut degré de centralisation, voyaient avec une satisfaction bien aveugle
cette rupture entre les classes, qui leur laissait le
champ libre pour administrer à outrance, rien
n'étant plus organisé pour leur résister. Leur
erreur était si profonde à ce sujet, que toute tentative faite pour amener un rapprochement entre
patrons et ouvriers était vue avec la plus grande
défaveur. Un patron éminent, Leclaire, voulant,
vers 1842, réunir ses ouvriers pour leur expliquer
ses projets d'organisation sociale, vit la police
intervenir pour empêcher cette réunion, et placer
chez lui un espion pour surveiller tous ses actes.

Dès ce moment d'ailleurs, les conséquences d'un
tel état de choses se faisaient sentir avec violence.
Les masses ouvrières, échappant à l'action de
leurs chefs naturels, se plaçaient sous la direction
des agités et des politiciens. C'est pour ce motif

que Leclaire dut, pour faire admettre ses vues, se mettre, lui, l'homme pratique et précis par excellence, sous le patronage d'un théoricien vague et creux comme Louis Blanc. Livrés à eux-mêmes, excités par des ambitieux, les ouvriers répondirent aux procédés des employeurs par les coalitions, les grèves, la mauvaise volonté et le défaut de conscience dans le travail, l'indiscipline, l'instabilité. Entassés dans les villes, ils furent cruellement atteints par la misère, les maladies, le chômage, l'invalidité, sans garantie ni recours, sinon à une charité forcément parcimonieuse et dégradante. Certaines personnes s'étonnent encore, après cela, des méfiances, des rancunes, de l'ignorance, de l'immoralité qui se rencontrent trop souvent parmi les populations ouvrières ! Si quelque chose doit surprendre, c'est que la crise n'ait pas pris des proportions plus grandes et produit des effets plus terribles ! Du reste, ce résultat est dû en grande partie chez nous à ce fait que, malgré tant de circonstances défavorables, le patronage n'a pas disparu complètement de nos habitudes. Il est demeuré en France assez de patrons éclairés pour que le mal social en fût atténué, et c'est justement ce qui permet d'espérer beaucoup pour l'avenir.

A l'heure actuelle, la situation est déjà rassurante à divers points de vue. D'abord, en présence du désordre causé par l'oubli des obligations du patronage, oubli qu'il avait lui-même contri-

bué à préparer, l'État a dû intervenir pour
réprimer les abus les plus criants. Son intervention a été nécessairement brutale et souvent vexa-
toire, parce que la loi ne saurait se plier aux
besoins multiples de l'industrie, et coûteuse parce
qu'elle a nécessité la création de toute une hiérarchie de surveillants. Elle n'a pas donné des résultats
bien brillants. La législation sur le travail est
appliquée, en effet, d'une manière fort inégale et
fort irrégulière, comme cela arrive toujours quand
on veut pourvoir, au moyen d'une combinaison
artificielle, au fonctionnement d'un organisme
naturel. Rien ne saurait remplacer, en pratique, la
bonne volonté clairvoyante et l'initiative informée
des individus (1). Pourtant, dans la situation véritablement anarchique où nous nous trouvons, cette
intervention des pouvoirs publics était inévitable,
à cause de l'excès du mal ; elle a du moins réussi
à le tempérer, soit en réprimant les plus gros
abus, soit en en prévenant quelques autres, soit
enfin en agissant sur l'opinion. Le but aujourd'hui
est de rendre la législation inutile en réformant,
par raison, les mauvaises coutumes qui ont pu

(1) Il en est de même à l'étranger, par exemple en Suisse, où l'on
constate aujourd'hui l'impossibilité d'appliquer uniformément les
lois fédérales sur le travail, et où les cantons interviennent pour
contrecarrer, c'est-à-dire pour assouplir l'effet de ces lois. Tel est
le cas du canton de Saint-Gall, où une loi sur le travail de nuit
pour les femmes annule en fait la loi fédérale sur la durée de la
journée.

s'introduire dans l'organisation du travail. En second lieu, les ouvriers ont pu profiter des circonstances politiques pour obtenir le rappel des lois de police qui les plaçaient sous une surveillance étroite, rude et tracassière; dès lors, ils ont pu s'organiser pour résister collectivement aux exigences des employeurs. Leur organisation est loin d'être complète (1); pourtant elle leur assure déjà des moyens d'action qui ne sont pas à dédaigner. Enfin, parmi les patrons, la notion des lois sociales qui régissent l'organisation du travail commence à se répandre, et le rôle du patronage est mieux compris. Beaucoup d'entre eux voient

(1) Les ouvriers syndiqués représentent évidemment une faible minorité. Il est impossible de l'établir d'une manière absolue. Voici cependant deux renseignements qui sont assez précis. Au Congrès syndical de Tours en 1896, un délégué disait avec une courageuse franchise : « Nous représentons ici l'exception. » Un autre délégué confirmait cette indication en présentant la statistique suivante qui ne fut pas contestée :

Syndicats	Membres de la Corporation	Syndiqués	Payant la cotisation
Employés	200.000	7.900	1.350
Garçons de magasin, cochers, livreurs	100.000	4.524	2.002
Comptables	95.000	133	127
Blanchisseuses	60.000	700	250
Chemisiers	25.000	4.248	250
Peintres.................	30.000	112	»
Mécaniciens et chauffeurs de l'industrie	5.500	800	300
Plombiers, zingueurs........	18.000	2.000	750
Travailleurs du livre........	17.000	8.400	7.500

Cette statistique n'est certainement pas d'une exactitude absolue, pourtant elle donne une idée assez juste de l'état des choses.

2*

qu'ils ont tout à gagner à se rapprocher de leurs
ouvriers, que ce n'est point là affaire de sentiment,
de philanthropie pure, mais surtout d'économie
industrielle bien comprise. Or, malgré les rancunes et les méfiances qui forment, trop souvent
à juste titre, le fond de leur opinion vis-à-vis du
patronat, les ouvriers ne tardent guère, en général, à distinguer ce qui leur profite et à s'attacher
à qui tient compte de leurs intérêts. Dès lors,
l'harmonie apparaît, et la paix sociale s'établit au
profit commun du maître et de ses employés.
Nous montrerons bientôt, par une série d'exemples
pratiques, la certitude de ce résultat quand on le
cherche avec persévérance et sans parti pris.

Nous remarquions tout à l'heure que les ouvriers
ont pu, surtout depuis vingt ans, s'organiser pour
défendre leurs intérêts. Cette organisation se présente sous des aspects différents. Le premier se
réfère aux groupements d'assurance mutuelle
contre la maladie, qui sont nombreux, et contre le
chômage ou l'invalidité permanente, qui sont fort
rares. Les sociétés de cette nature rendent depuis
longtemps aux ouvriers des services d'autant plus
étendus que les patrons s'intéressent davantage à
leur prospérité. Dans certaines grandes maisons
industrielles, la société de secours mutuels forme

l'une des institutions fondamentales de l'entreprise, les patrons la subventionnent avec largesse, et vont jusqu'à obliger tous leurs ouvriers à en faire partie. Ailleurs, il est impossible de constituer une société avec les employés d'un seul établissement, mais les petits patrons du lieu sont souvent membres honoraires et donateurs. Théoriquement, ces institutions mutualistes sont fort séduisantes et paraissent susceptibles de donner les meilleurs résultats. Mais leur rendement pratique est affaibli par diverses causes très puissantes. La première de toutes, c'est que beaucoup d'ouvriers reçoivent un salaire à peine suffisant pour faire vivre pauvrement leurs familles, interrompu encore par des chômages fréquents ou prolongés, si bien qu'il leur est impossible de payer régulièrement une cotisation assez élevée pour leur assurer des avantages durables et sérieux. Puis les secours distribués sont généralement minimes, parce que les cotisations le sont elles-mêmes. Enfin les secours ne sont donnés que pendant un temps très limité : trois à six mois, délai maximum.

La seconde catégorie d'unions ouvrières est celle que l'on connaît en France sous le nom de *syndicats*. Ces unions sont, en principe, des sociétés corporatives destinées à agir pour assurer aux ouvriers, dans la mesure du possible, la permanence des engagements, la régularisation de la production, un salaire proportionné à l'état du marché des produits fabriqués, un traitement équitable de la part du patron et de ses contremaîtres. En d'autres termes, *les ouvriers se coalisent pour obliger leurs maîtres de métier à les patroner*. Il va sans dire que, quand on se sent amené à obtenir par la force ce que l'on considère comme nécessaire, cela indique un état de malaise, de lutte, qui ne peut manquer de nuire à tous les intérêts en cause, et de répandre parmi les ouvriers des germes de méfiance et de haine dont la fâcheuse influence se fait sentir en toutes choses. Dans ces conditions les syndicats sont devenus généralement des centres d'agitation politique chez lesquels on reconnaît deux impulsions. La première est donnée par les purs politiciens, qui se servent de ces groupements pour se procurer des électeurs. Leur action est mauvaise en ce sens que leur intérêt les pousse à entretenir les sentiments d'animosité entre patrons et ouvriers, afin de maintenir ceux-ci hors de toute influence capable d'évincer la leur. De plus, ils contribuent à développer dans l'esprit de ceux qui les écoutent cette idée que l'État seul peut, avec l'intermédiaire indispensable des politiciens, améliorer le sort des travailleurs, au moyen de mesures législatives ou de faveurs administratives.

La seconde des impulsions qui animent les syndicats ouvriers est donnée par les théoriciens du socialisme. Ceux-ci ont au moins le mérite

d'agir avec bonne foi, mais leur propagande n'en
est pas moins dangereuse, car eux aussi prétendent arriver à élever en bloc la classe ouvrière, à donner à tous sans distinction la même
somme de satisfactions, de jouissances, et cela par
l'intermédiaire d'un collectivisme plus ou moins
bien déterminé. Nous n'avons pas à discuter ici ces
doctrines qui sont basées sur une conception purement théorique de l'idée d'égalité et de justice.
Bornons-nous seulement à rappeler que le collectivisme, qu'il soit restreint à la famille ou étendu
à l'État, comporte un despotisme si complet, et un
manque d'initiative individuelle si absolu, qu'il
paralyse tout progrès. C'est par excellence un régime de barbarie, et, s'il peut à la rigueur donner
à la vie matérielle une sécurité relative, c'est en
ravalant les individus à une condition assez voisine de celle de l'esclave. Qui donc oserait soutenir que les destinées de l'humanité sont orientées
dans un pareil sens? Elle doit tendre, au contraire,
au développement aussi complet que possible des
facultés personnelles; c'est ainsi que se recrutent
les élites, dont l'élan entraîne la masse et assure
le progrès général. Il faut donc viser avant tout à
perfectionner les individus, d'abord par l'éducation,
ensuite par l'instruction théorique et pratique,
avec le puissant concours d'un patronage bien compris, et c'est ainsi que s'opérera, dans les conditions les plus normales, les plus naturelles et les plus

sûres; le développement de la société tout entière. N'est-il pas évident, d'ailleurs, que la prétention de faire marcher du même pas et de maintenir au même niveau la classe ouvrière dans son ensemble est au premier chef déraisonnable et antisociale. La nature n'a point fait tous les hommes sur le même modèle. Les uns sont vigoureux, les autres débiles ; ceux-ci jouissent d'une vive intelligence, d'une habileté grande, ceux-là ont l'esprit lent et la main lourde; certains sont ardents au travail, d'autres restent mous ou paresseux ; enfin il en est que le vice domine, tandis que beaucoup de leurs semblables savent l'éviter. Imposer à tous le même régime serait abaisser les meilleurs au niveau des pires, décréter le règne obligatoire de la médiocrité ! L'ouvrier est intéressé autant et plus que n'importe qui à ce que les choses ne soient point réglées ainsi, car un tel régime aurait pour effet de le claquemurer dans une situation inférieure, d'en faire le serf de l'état-major administratif, directeur de la communauté, de lui fermer tout espoir d'avancement: L'avènement du collectivisme équivaudrait pour lui à la perte de toute espérance en un avenir meilleur (1).

Les syndicats doivent donc, s'ils veulent atteindre leur but véritable, c'est-à-dire l'améliora-

---

(1) Voir dans A. von Kirchenheim : *L'Éternelle Utopie* (Paris, Le Soudier, 1897), le frappant exemple fourni par les *Réductions* organisées par les Jésuites, au Paraguay, au xviiiᵉ siècle.

tion sérieuse et durable de la condition des
ouvriers, échapper à cette double influence. Leur
intérêt le plus évident les engage à choisir pour
chefs non pas des avocats ou des journalistes,
mais bien des hommes choisis dans le métier,
parmi ceux qui sont réputés pour leur moralité,
leur caractère à la fois énergique et modéré, leur
expérience professionnelle. Il y a pour ces mêmes
hommes un devoir éminent à remplir : celui de
travailler, eux aussi, à l'éducation sociale de la
masse de leurs camarades, en opposant leur bon
sens, leur esprit pratique, leurs lumières, aux
excitations des politiciens et aux prédications
rétrogrades du socialisme. Les chefs du trade-
unionisme anglais fournissent, à ce point de vue, un
remarquable exemple. C'est en grande partie leur
dévouement, leur énergie, leur intelligence, qui
ont fait le grand succès des associations ouvrières
anglo-saxonnes (1). Nous ne manquons pas chez
nous d'ouvriers très capables de jouer un rôle tout
aussi utile ; ce qui leur manque, c'est l'initiative
et l'autorité. Mais l'initiative s'acquiert par l'effort
exercé sur soi-même, par la volonté d'agir ; quant
à l'autorité, toute personne qui va de l'avant avec
intelligence et avec courage en acquiert infailli-
blement, non seulement parmi ses pairs, mais
parmi tous ceux avec qui elle est appelée à entrer
en relations.

(1) Voir P. de Rousiers, *le Trade-Unionisme*, déjà cité.

On a souvent dénoncé les institutions patronales comme un moyen de lutte dirigé contre l'existence des syndicats ouvriers, dont les chefs d'industrie voudraient consommer la ruine, afin, de devenir, de nouveau, les seuls maîtres de la situation. Il est sûr que le patronage patriarcal ne saurait admettre à côté de lui l'existence d'une influence capable de contrôler la sienne, qu'il entend maintenir toujours au-dessus de toute discussion. Mais le patron particulariste n'est pas si absolu. Non seulement il admet que ses ouvriers fassent partie d'un syndicat, mais encore il sait mettre à profit cette organisation pour simplifier les relations avec la main-d'œuvre, pour éviter les malentendus et les conflits qui en résultent, en un mot pour se décharger, dans une certaine mesure, des difficultés du patronage (1). Toutefois il est évident qu'un patron ne saurait reconnaître un syndicat créé par des agitateurs dans le seul but de déclarer une guerre irraisonnée et à outrance au patronat. Si de telles associations sont fondées à lutter énergiquement contre les employeurs qui cherchent à exploiter les ouvriers, ce n'est là qu'un côté de leur mission, le plus pénible et le moins avantageux. Voir dans cette lutte leur but essentiel, c'est donc commettre une erreur très préjudiciable à la classe ouvrière, et mortelle pour les syndi-

(1) On trouvera des exemples remarquables dans les ouvrages de M. P. de Rousiers, déjà cités.

cats eux-mêmes. En effet, il est évident que, dans
de telles conditions, tout ce qui pourra contribuer
à rétablir la paix sociale diminuera du même coup
leur importance. Il ne faut donc pas faire de l'association ouvrière une simple machine de guerre,
mais plutôt un organisme fort et souple, capable
de lutter au besoin contre les abus, mais destiné
surtout à aider chacun de ses membres à mieux
se tirer d'affaire dans toutes les circonstances critiques de la vie professionnelle : apprentissage,
placement, invalidité, chômage, etc. Dès lors l'action du syndicat se combine avec celle du patronage, la remplace même tout naturellement
dans certaines directions, et un tel accord devient
réciproquement aussi utile aux deux parties que
l'opposition de leurs forces peut leur être nuisible.
Les résultats obtenus dans ce sens par le vieux
trade-unionisme en Angleterre démontre parfaitement l'utilité pratique et efficace de cette manière
d'agir.

Malheureusement, parmi les chefs actuels des
syndicats français, bien peu comprennent les
choses avec cette liberté d'esprit. Ils craignent
pour leur autorité, et comme ils ne savent pas
fonder cette autorité sur une autre base que l'antagonisme social, tout patron qui diminue cette
autorité en améliorant le sort de ses ouvriers
devient pour le syndicat un ennemi. On le décrie,
on le dénonce, on essaye de détourner de lui son

personnel, de faire repousser les institutions patronales par ceux-là mêmes qui en peuvent retirer
les fruits les plus précieux.

C'est là une politique étroite, mesquine, préjudiciable aux intérêts vrais de la classe ouvrière,
mais elle est humaine, il faut en convenir. Ces
hommes revêtus, par l'effet de circonstances mauvaises, d'une influence parfois considérable, en
font généralement un usage maladroit. Qui pourrait s'en étonner? D'autres hommes, bien mieux
préparés, bien mieux placés pour apprécier saine-
ment la meilleure ligne de conduite, commettent
tous les jours des fautes aussi lourdes. Ainsi, les
patrons qui songent uniquement à détruire les
syndicats, soit par la lutte ouverte, soit par des
moyens détournés, tombent eux aussi dans l'erreur.
Leurs efforts devraient tendre vers cette transformation pacifique dont nous parlions tout à l'heure,
plutôt que vers une destruction aveugle de ces
associations, dont le principe n'a rien de mauvais.
Il est des patrons qui savent rester en relations
convenables avec les syndicats, sans pour cela se
mettre à leur remorque et à leur discrétion ; c'est
qu'ils ont commencé par faire régner une paix
profonde, par établir une étroite solidarité d'intérêts entre eux et leur personnel. Quand les choses
sont ainsi réglées, il n'est plus très difficile au
patron lui-même d'exercer une action utile sur les
groupes ouvriers, en orientant leurs efforts dans

un sens pratique. Ce sont là des questions de mesure, de précaution, de bonne volonté sincère à l'égard de l'ouvrier. Quand on veut vraiment l'aider à se développer, en faire un collaborateur discipliné et dévoué par réflexion et raison, non pas un simple subordonné soumis par nécessité, résigné ou farouche, on trouve des moyens d'action persuasifs, efficaces. Le tout est de vouloir vraiment, sincèrement la paix, de ne point répondre aux vues tyranniques des syndicats par d'autres projets de domination. La domination fait des esclaves, non des hommes, et ce sont surtout les hommes qui nous manquent. Il faut dire cela bien haut aux patrons comme aux syndicats. Il faudrait surtout pouvoir leur persuader à tous que le patronage, pratiqué sous sa forme libérale, est un excellent outil de paix sociale, capable d'agir énergiquement pour atténuer la crise dont notre monde occidental souffre tant aujourd'hui.

Les ouvriers ont aussi formé çà et là quelques sociétés de consommation et de production. Le fait est rare, pour diverses raisons. D'abord, ils sont trop profondément désorganisés pour conserver ces traditions de communauté qui font, en Allemagne, le succès des associations de toute nature (1).

(1) On compte en France environ 1.200 sociétés de consommation,

Ils n'ont pas encore acquis, d'autre part, la valeur sociale individuelle, l'initiative et l'expérience, qui permettent aux ouvriers anglais de constituer des sociétés si vigoureuses, si agissantes, précisément parce que leurs membres leur apportent non pas la passivité, l'esprit d'obéissance traditionnelle des Allemands, mais bien une force vive qui sait au besoin se discipliner dans l'intérêt commun. En France, la passivité coutumière a disparu, mais la discipline volontaire ne s'obtient pas facilement. C'est que l'éducation actuelle est insuffisante, incomplète. La contrainte paternelle est énervée, les habitudes d'obéissance raisonnée se perdent, les idées morales s'affaiblissent, les caractères s'abaissent de plus en plus. Et cela se produit au moment même où la méthode, la volonté, l'initiative, l'exactitude, sont plus nécessaires que jamais pour réussir. Nous ne devons donc pas trop nous étonner en constatant que beaucoup de gens ne se sentent plus la force de supporter un régime de liberté, et se laissent glisser vers le socialisme, c'est-à-dire vers la tutelle bureaucratique. C'est contre cette décadence des individualités qu'il faut partout réagir.

Du reste, si les associations de consommation peuvent rendre aux ouvriers de réels services, en leur permettant de vivre mieux et à meilleur

dont les membres sont fort mélangés. Les sociétés de production sont très peu nombreuses.

compte, les sociétés de production ne sont pas
aussi recommandables. Elles présentent, en effet,
des inconvénients et des risques fort graves. On
les a beaucoup vantées, en théorie, comme un
moyen de faire disparaître plus ou moins complètement le salaire. Est-ce là une idée juste? Nous
ne le croyons pas.

Le salaire est, comme toutes les institutions humaines, quelque chose d'imparfait. C'est d'après
la loi, et aussi d'après la nature des choses, l'un
des résultats d'un contrat, dit de louage d'ouvrage. L'ouvrier, en effet, loue au patron sa force
musculaire et sa capacité technique; il reçoit en
échange une prestation fixe, ou proportionnelle
au travail fourni, selon les cas, et destinée à assurer l'existence de sa famille tant bien que mal,
trop souvent plutôt mal que bien. En droit, quand
l'échange du travail contre la prestation appelée
salaire a été opérée, chaque partie est quitte vis-
à-vis de l'autre. Le patron dispose comme il lui
convient du résultat produit par le travail de l'ouvrier; celui-ci emploie son salaire absolument à
sa guise. Le lien créé par la loi entre patron et
ouvrier est donc essentiellement spécial et temporaire; il n'existe qu'à l'atelier et se dénoue avec
une grande facilité. Dans ces conditions le salaire
n'a que peu d'action au point de vue de la solidarité entre celui qui le paye et celui qui le reçoit;
au contraire même, il peut devenir entre eux une

cause de contestations, de lutte et de haine. Si leurs intérêts sont parallèles, ils ne sont pas communs ; la rupture est facile, l'antagonisme imminent. D'autre part, la simple relation d'employeur à salarié n'exerce aucune action sur celui-ci en ce qui concerne le grave problème de l'avenir et de la sécurité de la famille ouvrière ; cette relation, purement économique, ne la pousse pas à la prévoyance, au progrès moral et social. Aussi l'ouvrier qui réussit à s'élever par le salaire seul est une personnalité éminente, c'est-à-dire très exceptionnelle. La masse des salariés, livrée à elle-même, tendra plutôt à demeurer stationnaire qu'à monter ; nous en faisons sur bien des points la triste expérience.

En effet, s'il en était autrement, assisterions-nous au spectacle que donnent en ce moment nos syndicats ouvriers, qui ne peuvent user de la liberté pour s'organiser sur des bases raisonnables, stables et utiles, si bien que leur insuffisance est notoire ? Verrions-nous les ouvriers se placer encore, après tant d'expériences démonstratives, sous la direction de théoriciens cent fois démentis par les faits, ou de politiciens sans valeur ? Pourrions-nous constater parmi eux cette incapacité évidente qu'ils apportent dans la gestion de leurs intérêts corporatifs ou politiques ? Enfin n'observerions-nous pas, dans la conduite de leur vie privée elle-même, un plus grand souci de leur dignité personnelle, de la respectabilité de leur mise et de leur intérieur, de la formation morale de leurs enfants?

Tels sont les motifs d'infériorité sociale du salaire pur et simple. Ils sont graves, et pourtant on aurait grand tort de répudier le salaire. Voici pourquoi.

Si le salaire entraîne les inconvénients que nous venons de dire, il présente aussi un avantage de premier ordre : il constitue la base de la liberté personnelle de l'ouvrier, et cela suffit pour lui donner une importance sociale énorme. Le salaire répond d'ailleurs à une forme déterminée de l'organisation du travail ; pour pouvoir y renoncer, il faudrait en même temps transformer cette organisation. Dans quel sens? Dans celui qui fait de l'ouvrier un copropriétaire, un actionnaire de l'usine? C'est là une combinaison qui a ses avantages, mais aussi ses dangers. On peut l'employer quelquefois avec succès et profit dans des conditions déterminées, mais on ne saurait prétendre, sans entrer dans le domaine de l'utopie, à en faire une règle générale. Du reste il ne faut pas oublier que l'association est un lien profitable souvent, mais qui deviendrait bien lourd à porter si on essayait de l'imposer sous une forme quelconque. On verserait ainsi directement dans le communisme, c'est-à-dire que l'on sacrifierait la liberté et la volonté individuelles à l'autorité publique.

On ferait de chaque individu un fonctionnaire en-
fermé dans une hiérarchie inflexible, soumis à une
discipline aveugle et dure. Sans doute, l'ouvrier
salarié n'est pas heureux tous les jours ; il lui faut
traverser des crises pénibles, supporter des pri-
vations, travailler parfois avec excès, pour tomber ensuite dans une énervante inaction. Mais, du
moins, il est libre ; c'est un homme, non pas un
organe mécanique dirigé, commandé par une volonté extérieure. Il a son action propre, son initiative personnelle, son individualité indépendante ; il peut aller et venir, changer d'atelier, de
métier, de lieu, s'il le juge utile à ses intérêts,
ou même s'il y est poussé par sa simple fantaisie.
Telle est la grande, la noble portée de ce salariat
dont on dit tant de mal, auquel l'ouvrier doit cependant l'indépendance et la dignité de sa vie,
quand il sait en user honorablement et avec prévoyance.

En réalité, ce n'est pas le procédé du salaire qui
doit être condamné, mais bien la manière dont
l'appliquent trop souvent ceux qui recourent à
son office, les patrons aussi bien que les ouvriers.

En effet, d'une part les patrons tendent trop
souvent à considérer le salaire comme le prix
d'une marchandise ordinaire qu'il faut payer le
moins cher possible et dont la remise les dégage
entièrement de toute obligation, de tout devoir.
L'erreur est grande ; nous l'avons déjà réfutée, et

nous n'y reviendrons pas. Quant à l'ouvrier, il cherche parfois de son côté à faire monter le salaire au-delà des limites naturelles établies par le jeu de la concurrence et les besoins de la consommation, ce qui l'expose à diminuer ou même à tarir la source du salaire par l'arrêt de la production. La vérité pratique est dans un moyen terme, résultant d'un accord commun.

Pour prévenir des exigences excessives, les patrons devraient compléter dans une mesure raisonnable, par des institutions patronales, les moyens d'existence, souvent insuffisants, des familles ouvrières.

Quant aux salariés, ils trouveraient tout profit à cette combinaison, qui leur assure, dans la limite du possible, du travail, la sécurité du lendemain, souvent même une honorable retraite pour leurs vieux jours. D'ailleurs l'expérience prouve que, lorsque de tels avantages leur sont offerts, ils les acceptent avec empressement et gratitude dès qu'ils sont persuadés de la sincérité des concessions qui leur sont faites.

Ainsi, l'ouvrier doit chercher à améliorer sa situation surtout par son effort personnel. Les parents qui sauront donner à leurs enfants une éducation forte, susceptible de les préparer à une action énergique, servie par une initiative toujours en éveil, leur assureront les meilleures chances de réussite. On ne saurait donc trop répéter cette vérité si évidente, et pourtant si souvent méconnue, que le sort de la vie entière dépend de l'éducation donnée à l'enfant. N'est-il pas établi par les faits les plus évidents que presque tous les jeunes criminels ont été des enfants privés d'éducation. On pourrait prouver avec la même certitude que presque tous les ouvriers devenus patrons avaient reçu de leurs parents une formation énergique. Le jeune ouvrier qui recherchera les occasions de s'instruire, de se perfectionner dans sa profession, de varier ses aptitudes, augmentera de beaucoup ces mêmes chances. Tel est le moyen le plus sûr, le plus efficace, de lutter contre les difficultés de notre vie contemporaine, et de profiter des remarquables occasions de succès qu'elle offre aussi. Mais, ne l'oublions pas, à l'heure actuelle les familles ouvrières ne peuvent réaliser que très exceptionnellement à elles seules ces conditions. En effet, beaucoup d'entre elles manquent de la base première et essentielle de l'éducation, qui forme le caractère de l'individu. Elles ne peuvent donc guère fournir, en règle générale, que des hommes de faible initiative, trop aisément dominés par des meneurs sans scrupules. De plus, beaucoup de gens ne sont pas doués des qualités nécessaires pour sortir de pair et pour vaincre par eux-mêmes tous les obstacles qu'ils rencontrent. Ils ont besoin d'un certain aide pour ne pas succomber devant ces obstacles. Or cette éducation et cet aide, c'est le patron qui est le mieux placé pour les organiser ou les renforcer. S'il se donne la peine d'étudier un peu son personnel, de se rendre compte de la manière de vivre, d'agir et de penser des familles qui lui fournissent la main-d'œuvre ; s'il sait régler ses procédés de patronage d'après ses observations, il pourra, d'une part, tirer un meilleur parti des gens, et, de l'autre, leur rendre l'immense service de les former au point de vue social, c'est-à-dire de leur communiquer une force de résistance plus grande. Des deux côtés le profit sera considérable.

Un exemple pris entre mille prouvera mieux cette vérité que toutes les démonstrations. Il y a quelque trente ans, un industriel dit un jour à un de ses confrères et amis : « Vous me rendriez grand service en me débarrassant d'un ouvrier qui me gêne beaucoup et que je ne puis mettre tout simplement à la porte, car c'est le mari d'une servante à laquelle nous tenons, et renvoyer l'homme, ce serait en même temps congédier la servante. Cependant il m'est inutile, et je ne puis le garder indéfiniment à ne rien faire. — Vous me faites là un joli cadeau ! répondit l'ami, croyant qu'il s'agissait d'un paresseux ; cependant je le prendrai quand même, pour vous être agréable, et je tâcherai d'en tirer parti. » Il le prit en effet,

sut découvrir chez lui des aptitudes et des qualités telles que, de simple garçon de magasin
qu'il était au début, son patron en fit peu à peu un
employé supérieur. Une quinzaine d'années plus
tard, cet homme s'établit à son compte, grâce à
l'appui moral du patron qu'il avait servi si bril-
lamment, et acquit laborieusement une belle fortune dont il jouit actuellement dans sa ville natale.
Tel est le rôle essentiel du patron : savoir distinguer les gens capables, et les mettre à leur vraie
place, pour son plus grand profit et en même
temps pour le leur propre.

Cette anecdote démontre parfaitement bien la
solidarité fondamentale qui lie réciproquement le
patron et l'ouvrier, solidarité qui a été si souvent
perdue de vue, pour le malheur des deux parties.
Mais il faudrait peu de temps pour rétablir l'ordre,
si de part et d'autre on voulait s'en donner la
peine. Il s'agit simplement pour les patrons de
comprendre et d'imiter certains exemples que
nous citerons tout à l'heure, et bientôt ils verront
les choses devenir plus aisées, les rapports plus
confiants, les esprits plus libres de préjugés, les
résultats plus efficaces. Quant aux ouvriers, ils
doivent s'appliquer à étudier sérieusement les éléments de leur situation, et surtout ne pas se laisser détourner des vues droites et pratiques par
quelque meneur, ou entraîner par de déraison-
nables prétentions. L'ouvrier qui se trouve en

présence d'un patron digne de ce nom gagnera tout à marcher d'accord avec lui, à le seconder de tout son pouvoir, à travailler de son mieux dans leur intérêt commun. En face du simple employeur, les ouvriers pourront chercher dans l'association syndicale le moyen d'opposer puissance à puissance et d'obtenir, dans la mesure du possible, le respect de leurs intérêts ; il leur faudra alors écarter les politiciens qui s'efforceront de les exploiter, les théoriciens qui essayeront de leur faire préférer le rêve d'un paradis chimérique à la réalité de l'effort, condition essentielle du progrès de leurs propres impatiences et de leurs erreurs, qui les conduiront souvent, eux aussi, à la violence ou à l'injustice. Tout cela paraît compliqué, long, subordonné à bien des volontés diverses. Mais la logique même des choses le veut ainsi, et rien de ce qui est artificiel ne saurait remplacer l'action lente, mais profonde et persistante, des forces naturelles qui animent le corps social et le vivifient d'autant plus qu'elles sont mieux dirigées, dans chaque homme, par la volonté individuelle.

Si nous essayons maintenant de résumer nos impressions d'ensemble, nous arriverons aux conclusions suivantes :

Ce qu'on appelle communément la *question ou-*

vrière est avant tout une question d'organisation sociale.

La meilleure organisation sociale est celle qui a pour résultat de développer au plus haut point l'initiative individuelle, la valeur propre de chacun en particulier (formation particulariste).

Il est impossible de résoudre les difficultés actuelles par un moyen artificiel unique, général, s'appliquant à la classe ouvrière prise en bloc.

Le patronage organisé d'une manière libérale peut agir puissamment pour donner à la classe ouvrière une éducation dans le sens particulariste, préparer ainsi un progrès social de la plus haute importance, et effacer, par des mesures localisées et multiples, la plupart de ces mêmes difficultés.

Demandons maintenant aux enseignements de la pratique quelles sont ces mesures, et quelle est la meilleure manière de les appliquer.

II

PROCÉDÉS ET RÉSULTATS DU PATRONAGE LIBÉRAL

Principe essentiel du patronage libéral. — La grande industrie et le patronage. — L'apprentissage. — Le jeune
ouvrier. — L'ouvrier adulte dans les diverses circonstances de sa vie active. — L'ouvrier invalide. — Il n'y a
pas de petits profits ! — Conclusion. — Applications pratiques révélées par la monographie ouvrière : typographes
et conducteurs typographes ; chaudronniers, plombiers et
tôliers ; fondeurs en caractères ; peintres en bâtiments ;
teinturiers.

I

Les procédés du patronage libéral ne sont pas très
différents quant à la forme de ceux du patronage
patriarcal; c'est surtout l'idée inspiratrice qui
diffère. Ici, répétons-le, tout doit tendre, par des
moyens pratiques, vers un but éducatif. Les
besoins de la sécurité matérielle se trouvent satisfaits en même temps et pour ainsi dire par
surcroît.

Nous devons placer encore ici une autre observation. La tendance actuelle de l'industrie est de
se concentrer en grands ateliers. Bien peu de
métiers échappent à cette conséquence inévitable
du développement du machinisme. Cela rend le
rôle du patron à la fois plus difficile au point de
vue de l'influence directe sur les individus et plus
aisé en ce qui concerne la puissance des moyens
d'action. Dans ce travail nous nous placerons
surtout au point de vue de la grande industrie,
d'abord parce que c'est elle qui, par la complication de son régime, a donné lieu aux contestations
les plus étendues, ensuite parce que les gros
patrons sont mieux à même que les autres, s'ils le
veulent, de bien remplir la tâche éducatrice qui
fait partie de leurs devoirs professionnels (1). Cette
tâche est complexe ; elle a pour objet : de préparer
l'apprenti ou jeune aide à devenir capable simul-
tanément au point de vue spécial de la technique
du métier et au point de vue général de la pratique
de la vie sociale ; d'agir de façon à maintenir
l'ouvrier adulte dans une voie progressive, en lui
facilitant les moyens de mener une vie respectable ;
de contribuer à fournir à l'ouvrier malade ou inva-

(1) Les petits patrons sont évidemment moins à même que les
grands d'agir dans ce sens. Mais leur initiative trouve cependant
bien des occasions de s'exercer, surtout en ce qui concerne l'apprentissage. Ils peuvent du reste se grouper entre eux et s'entendre avec les chefs des grandes entreprises pour fonder des
institutions collectives fort utiles.

lide des secours suffisants, et à l'ouvrier vieilli dans le travail une pension alimentaire qui lui permette de terminer sa vie dans un état de sécurité honorable. Examinons successivement ce qui peut être fait sous ces divers rapports.

La question de l'apprentissage a donné lieu à des débats très vifs entre patrons et ouvriers, surtout au cours des vingt dernières années. Cela tient à deux circonstances, qui sont sorties l'une de l'autre. En premier lieu, les progrès surprenants réalisés dans l'outillage mécanique ont rendu beaucoup moins utiles la vigueur physique et l'habileté professionnelle, si bien que, dans nombre de cas, il est devenu possible de remplacer un ouvrier fort et habile par un enfant faible et inexpérimenté. D'autre part, l'âpreté de la concurrence poussant de plus en plus les patrons à diminuer les prix de revient, beaucoup d'entre eux ont cru voir un bon moyen d'y réussir dans l'emploi des enfants qui, pris comme apprentis et sommairement dégrossis, sont appliqués à des travaux assez simples pour ne pas dépasser leur capacité limitée. Cette pratique entraîne deux inconvénients : d'abord, elle entrave le développement de l'apprenti, qui se trouve, en fait, spécialisé dans une partie étroite du métier ; ensuite, elle restreint l'emploi de la main-d'œuvre adulte. Nous n'avons pas à insister sur le second de ces inconvénients, mais il est certain que le premier est grave, puisqu'il a pour effet de nuire à la formation technique de l'apprenti, et cela dans l'intérêt étroit du patron.

Un autre abus consiste dans l'organisation insuffisante de l'apprentissage au point de vue soit de la direction technique des enfants, soit de leur direction morale. Il arrive trop souvent que des enfants sont embauchés sous prétexte d'apprentissage, tandis qu'en réalité ils passent le meilleur de leur temps soit à faire des courses dans les rues d'une grande ville, ce qui leur donne des habitudes de vagabondage, soit à servir comme aide auprès des ouvriers absorbés par leur travail et qui ne leur apprennent rien ou presque rien. Heureux encore quand le voisinage de ces hommes n'est pas pour l'apprenti une occasion de déchéance morale. Il est évident qu'il y a là pour le patron une grave responsabilité et qu'il peut contribuer dans une large mesure, soit par son inertie, soit au contraire par une juste application de ses devoirs, à l'échec ou au succès futurs de ses apprentis.

Dans ces conditions on comprend que tous les patrons éclairés aient mis la question de l'apprentissage au premier rang de leurs préoccupations. Ils se sont attachés à organiser chez eux un régime susceptible de donner aux enfants qui leur sont

confiés, tous les éléments d'une bonne préparation pour affronter les difficultés de la vie active. Ce
n'est pas là une tâche facile à remplir, car souvent
les enfants arrivent à l'atelier avec une éducation
familiale défectueuse, donnée par des parents
négligents ou absorbés par le travail. Ces enfants
sont indisciplinés, peu appliqués : ils recherchent
volontiers les sociétés dangereuses ; leur instruction est presque toujours insuffisante pour les
besoins de la profession auxquels ils se destinent.
Ce sont là autant de lacunes à combler, tout en
leur donnant la formation professionnelle, si l'on
veut faire d'eux des ouvriers de valeur et des
hommes honorables.

Pour y réussir, il convient d'abord de les soumettre à un régime éducatif en les soustrayant,
autant que possible, aux mauvaises influences de
la rue et de l'atelier. La meilleure combinaison
consiste dans la création d'une école d'apprentissage, placée sous la direction d'un contremaître
choisi spécialement dans ce but. Lorsque cette
création n'est pas possible, ce qui est le cas dans
certaines industries, on peut encore éviter d'envoyer
les enfants faire des courses au loin, choisir les
hommes auxquels ils sont confiés, organiser une
surveillance spéciale pour éviter les abus. Enfin
il est aisé pour le patron d'intervenir directement
pour exercer sur les apprentis une action morale
salutaire, propre à les amener à prendre des habi-

tudes de tenue et de travail qu'ils conserveront
toute leur vie.

En second lieu, comme l'école primaire, avec
l'encombrement de ses programmes actuels, ne
donne aux enfants que des notions hâtives, entas-
sées pêle-mêle et trop générales, il est utile de les
reprendre et de les compléter par un enseignement plus spécialisé, en rapport avec les besoins
de la profession choisie par l'apprenti.

Enfin l'enseignement technique, en d'autres
termes l'apprentissage proprement dit, doit être
donné avec conscience et méthode, de manière à
préparer l'enfant à devenir un ouvrier complet
dans sa profession. L'apprenti ne doit donc pas
être, en principe, considéré comme un *aide*, ainsi
que cela arrive trop souvent, mais bien comme un
élève. Ici encore une organisation spéciale est nécessaire pour éviter aux enfants des pertes de temps
qui ne procurent aux patrons que de maigres
économies de personnel, et qui leur sont, à eux,
extrêmement préjudiciables.

Ce sont là des vérités élémentaires, dont la portée pratique saute aux yeux. N'est-il pas évident,
en effet, que le patron qui ne se donne aucune
peine pour former ses apprentis, qui même abuse
de leur temps ou de leurs forces, doit s'attendre à
ne trouver plus tard que de médiocres ouvriers,
avec lesquels il aura sans cesse des difficultés ou
des conflits ? Oui, sans doute, mais il n'en est pas

moins vrai que cette vérité est très souvent méconnue, et c'est pourquoi nous ne craignons pas de le répéter, en l'appuyant sur des preuves certaines, comme on le verra tout à l'heure.

Il faut dire aussi que l'apprentissage n'a plus aujourd'hui, au moins dans certaines industries, l'importance qu'il avait autrefois. Lorsque tous les métiers se pratiquaient avec des outils à main, la valeur technique de l'ouvrier constituait un facteur capital dans la production. Aujourd'hui la machine vient très souvent simplifier le travail, au point qu'un jeune garçon ou une jeune fille peut l'exécuter après quelques jours ou quelques semaines de préparation. Cela revient à dire que ces enfants n'ont plus besoin de se spécialiser par l'apprentissage pour devenir soit des aides nécessaires, soit même des ouvriers. Est-ce une raison pour les laisser livrés à eux-mêmes ? En aucune façon. Tout patron éclairé voudra ménager leurs forces, compléter leur instruction, travailler à leur éducation, de façon à élever leur niveau moral, intellectuel et social. Les procédés seront à peu près les mêmes que pour l'apprenti, sauf à mettre les moyens d'application en harmonie avec les besoins de l'usine. Il a fallu pourtant que l'État intervienne pour obliger certains patrons à remplir les plus urgents de ces devoirs (1). Ce fait n'est-il pas la démonstration la

(1) Nous avons déjà eu l'occasion de remarquer qu'en pareille

plus évidente de l'incapacité sociale, de l'aveugle-
ment borné de ces patrons ? Pour arriver au succès,
deux voies s'ouvrent devant eux. La première y
conduit par la bonne entente, la prospérité commune, la solidarité des intérêts ; la seconde n'y
arrive que par des détours, au moyen d'une exploitation égoïste, mesquine, odieuse même souvent,
de la population ouvrière. Hésiter entre ces deux
voies, c'est faire preuve d'une intelligence bien
étroite et d'une vue bien courte.

L'apprenti a terminé sa période d'instruction ;
l'aide a pris avec l'âge une expérience suffisante
de certains travaux simples. On le fait sortir de
cette condition transitoire et il devient ouvrier. Ce
sont des adolescents de seize à vingt ans, encore
incomplets à tous les points de vue : constitution
physique, caractère, instruction scolaire et technique, aptitude professionnelle. N'est-il pas évident
que le patron peut encore beaucoup pour les aider
à se développer dans toute la mesure du possible
pendant cette période critique de leur vie ? Est-il
très difficile de mettre à leur portée des moyens
de distraction, d'éducation et d'instruction suscep-

matière l'action de la législation est à la fois gênante pour l'industrie et médiocrement efficace.

tibles de les préserver des défaillances, tout en perfectionnant leurs moyens d'action ? Certainement
non. Certains chefs d'établissements, en France et
à l'Étranger, ont pourvu à ce besoin avec une libéralité qui prouve l'intérêt supérieur attaché par
eux, avec grande raison, à l'achèvement de l'éducation chez les jeunes ouvriers (1). Du reste, les
institutions établies isolément ou par association
dans cette intention peuvent être utilisées pour la
plupart par les hommes faits : tels sont les jeux de
plein air, les cours, les bibliothèques, les sociétés
musicales et dramatiques, les clubs ou lieux de
réunion, etc. Combien de jeunes gens sont, par ces
moyens, détournés des habitudes mauvaises et
poussés à développer leurs facultés naturelles.

Nous arrivons maintenant à l'homme fait, c'est-
à-dire à l'ouvrier devenu complètement maître de
sa situation, au moins en principe. Il peut se trouver dans trois situations différentes : en pleine activité ; en état de maladie ou d'invalidité temporaire ;

(1) Et, à défaut des patrons, cela a été tenté par des philanthropes
et des ecclésiastiques. Leur succès a été minime, malgré leur zèle,
parce que leur œuvre a forcément un caractère artificiel. Ce sont
des expédients inspirés par des circonstances mauvaises, qui
peuvent jouer utilement un rôle auxiliaire, mais sur lesquels on
ne saurait compter pour remplacer l'action multiple, autorisée,
directe, de ceux qui ont assumé la charge de conduire le travail.

en état d'invalidité permanente par l'effet de la vieillesse ou autrement. Que fera le patron éclairé, à l'égard de ces différentes situations ?

En ce qui concerne l'ouvrier en pleine capacité de travail, le patron a tout intérêt à l'employer d'une manière régulière, normale et complète. En conséquence, le chef d'industrie devra s'attacher à régulariser autant que possible la production, afin d'éviter, d'une part, le chômage, qui appauvrit, énerve et irrite l'ouvrier, et, de l'autre, le surmenage, qui l'épuise prématurément. Cela n'est pas toujours facile, surtout à notre époque et dans la plupart des industries. Mais, dans tous les cas, on peut atténuer dans une certaine mesure les irrégularités du travail, et au moins les distribuer de manière à éviter les excès trop marqués. C'est ainsi que, dans les maisons bien organisées les hommes ne sont jamais renvoyés brusquement en masse : lorsque la quantité de travail diminue, on les met au repos par escouades successives, selon les besoins et d'après certaines règles déterminées.

A un autre point de vue, un patron avisé a soin d'associer ses ouvriers les plus anciens et les plus intelligents au gouvernement de l'usine. Il les consulte, il les groupe en commission d'étude, en un mot il leur demande un effort de réflexion qui les développe, il leur donne une idée des difficultés de la gestion d'une grande entreprise, une conception plus élevée de leur propre rôle et les attache à l'établissement. Les rapports personnels entre patron et ouvriers dans certaines occasions : conversation particulière, séances de comité, fêtes périodiques, ont aussi pour effet de consolider et d'améliorer les relations mutuelles.

L'ouvrier en pleine activité doit pouvoir couvrir par son salaire les besoins matériels de sa famille et former une réserve capable de le garantir contre les accidents de la vie. Bien souvent le salaire est trop faible, la famille trop nombreuse ou trop peu prévoyante pour que cette réserve puisse se constituer et grossir régulièrement. Il y a donc, à ce point de vue, deux choses utiles à entreprendre : développer l'esprit de prévoyance et faciliter la constitution de l'épargne. On a imaginé des moyens très ingénieux et souvent efficaces pour atteindre ce double but ; nous en donnerons tout à l'heure des exemples curieux (1).

Il en est de même pour ce. qui concerne les risques nombreux et graves que l'ouvrier court pendant sa carrière. Contre les accidents on a des mesures préventives matérielles ; pour en atténuer les pénibles effets, on a recours à l'assurance, qui peut donner aussi des résultats précieux, en cas de décès. Contre la maladie on emploie la société de secours mutuels.

Mais toutes ces combinaisons d'assurances mu-

(1) Auxquels il faut ajouter celui qui résulte de la construction et de la vente par annuités de maisons ouvrières.

4

tuelles ou autres ne sont pas gratuites. Elles
coûtent même assez cher lorsqu'on veut leur
donner une efficacité réelle. Par conséquent, tout
ouvrier qui n'est pas pourvu d'un salaire régulier
et atteignant un taux assez élevé ne pourra se
garantir que d'une manière incomplète si l'on ne
lui vient pas en aide. Le patron peut lui fournir
cette aide par deux procédés différents. D'abord, en
augmentant les recettes de l'ouvrier au moyen
d'une combinaison appropriée : bonifications sur
le salaire, gratifications, participation directe aux
bénéfices. Ensuite, en lui facilitant les moyens de
réduire ses dépenses, par exemple en établissant
des logements à bon marché, en créant une société
de consommation (1). Lorsqu'il a ainsi contribué à
la formation de disponibilité dans le budget de
l'ouvrier, le patron peut encore intervenir d'une
manière utile pour en faciliter le placement dans
les conditions les plus sûres et les plus simples.

Lorsque l'ouvrier a franchi les étapes de sa carrière active, élevé sa famille et atteint la vieillesse,
il voit son salaire baisser avec ses forces, ou
même disparaître complètement. Il lui faut alors

(1) Il ne faut pas comparer cette institution à certains écono-
mats fondés par des chefs d'entreprises dans le but de réaliser un
gain sur les consommations de leurs ouvriers. On nous a cité
récemment un patron, mort il y a quelques années, qui trouvait
légitime de grossir ainsi ses bénéfices annuels. Les ouvriers s'en
rendaient parfaitement compte, et éprouvaient pour leur patron
des sentiments en rapport avec son procédé.

ou vivre de ses économies, ou bien, si ses réserves
sont nulles, tomber à la charge soit de ses enfants,
soit de la charité publique. Parfois les enfants
n'hésitent pas à aider leurs vieux parents; souvent
aussi ils ont peine à nouer les deux bouts, et la
misère de leurs parents ne fait que compléter la
leur. Quant à la charité, ses ressources limitées ne
lui permettent guère d'offrir au vieillard qu'une
existence attristée par la dépendance, la promis-
cuité et l'indifférence. On pourrait éviter tout cela
à un bon nombre de vieux ouvriers en les aidant
à constituer un patrimoine suffisant pour leur assurer une existence modeste, sans doute, mais indépendante pendant leurs dernières années.

Tels sont, en résumé, les moyens propres à consolider pratiquement la condition des familles
ouvrières, à leur faciliter les moyens d'améliorer
leur existence matérielle, et à pousser en avant
les sujets les mieux doués. Mais l'essentiel, redi-
sons-le sans nous lasser, consiste à diriger les
efforts en vue de développer d'une manière générale l'initiative des individus, en les amenant à
agir le plus possible par eux-mêmes, en les associant d'une façon directe et constante au gouvernement des institutions qui les intéressent, en un
mot *en faisant avant tout œuvre d'éducation.* Le

patronage doit, pour ainsi dire, travailler à se
rendre lui-même inutile, en habituant les ouvriers
à agir personnellement. Sans doute, il n'atteindra
jamais complètement cet idéal, mais il peut obtenir dans ce sens les résultats les plus considérables et alléger ainsi peu à peu sa propre tâche
par l'effet d'un progrès graduel et solide. Il ne
faut pour y réussir que de la bonne volonté, de
la persévérance et une entière bonne foi.

La tâche sociale que nous signalons aux patrons
est-elle très difficile à remplir? Au premier abord
lorsqu'on considère la variété des questions et
l'étendue des besoins qui les font naître, on est
tenté de s'effrayer et de rester dans le *statu quo*
d'indifférence et de médiocrité où tant de
gens se complaisent aujourd'hui, laissant ainsi la
place libre aux empiètements de l'État et à la
propagande socialiste. Mais, si l'on veut se donner
la peine d'examiner de près les choses, de bien
se pénétrer des nécessités à pourvoir, d'étudier
sérieusement les expériences déjà faites, on verra
bientôt que le problème n'est nullement impossible à résoudre. Il s'agit surtout de procéder avec
méthode, en sondant d'avance le terrain sur lequel
on doit opérer, et en avançant par degrés, chaque
réforme préparant et appelant la suivante. Sans
doute, le maniement des hommes est toujours
chose compliquée, délicate, mais pas autant qu'on
le suppose *a priori*. On pourra s'en convaincre

pleinement par la lecture des exemples que nous avons réunis ici. On verra, en les parcourant, que les réflexions qui précèdent reposent sur l'observation de faits certains, et non pas sur des théories de cabinet. Elles proviennent donc de l'expérience acquise et en tirent toute leur valeur.

Ces exemples consistent en une série de monographies ouvrières recueillies pendant l'automne
de 1896. Sous une forme vivante, ces études nous
montrent directement les effets produits, sur les
familles prises comme types, par les institutions
établies dans les maisons où les chefs de ces
familles sont employés. Ce sont donc autant de
tableaux groupant des faits précis, certains et,
par conséquent, dégagés de toute théorie précon-
çue, artificielle. Pour les rendre plus significatifs encore, nous avons placé, à côté de chaque
monographie d'ouvrier *patronné*, une monographie correspondante d'ouvrier *non patronné*, c'est-
à-dire abandonné totalement à ses propres forces.
Cela permet de caractériser de la façon la plus
précise la période de transition où nous vivons,
et d'établir clairement combien est grande et
urgente l'œuvre d'éducation qui s'impose au patronat français. Remarquons encore qu'il serait
aisé de multiplier et de varier les observations,

ce n'est là qu'une question de temps et de recherches. Ajoutons, enfin, que nous avons le plus
souvent possible indiqué les noms des maisons
intéressées et ceux des ouvriers que nous avons
interrogés. Si certaines de nos monographies sont
anonymes, cela tient à ce que plusieurs des personnes qui ont bien voulu se confier à nous, crai-
gnant d'éprouver des désagréments du fait d'une
publicité dont leurs patrons pourraient peut-être
se montrer mécontents, ont demandé que leurs
noms fussent passés sous silence. Nous avons agi
de même, du reste, pour les noms des patrons,
d'abord parce que nous ne voulions en aucune
manière les signaler d'une façon qui pourrait leur
paraître désobligeante, ensuite pour éviter toute
enquête à ce sujet parmi leur personnel.

1° *Typographes et conducteurs-typographes*
de la maison Chaix

M. Larcher, né en 1858 à Paris, est entré
en 1871, comme apprenti, à l'imprimerie Chaix,
rue Bergère, à Paris. M. Chaix avait établi déjà
dans sa maison une école professionnelle où les
apprentis recevaient, outre un utile complément
d'instruction primaire, une formation profession-

nelle très soignée. La durée de l'apprentissage
était de quatre ans, dont les six premiers mois
sans salaire ; pendant les six mois suivants, l'apprenti recevait 50 centimes par jour, salaire porté
à 1 franc pendant la seconde année, à 1 fr. 50
pendant la troisième, à 2 francs et à 2 fr. 50 pendant la dernière.

Dès ce moment, le patron s'efforçait d'inspirer
aux jeunes gens le sentiment précis de la portée
et de la valeur de leurs efforts personnels. En
outre de son salaire, chaque apprenti assistant à
un cours d'instruction primaire recevait un jeton,
lequel représentait une valeur de dix centimes ;
à la fin du mois, on rendait les jetons contre
argent.

C'était là une prime d'assiduité, à laquelle on
joignait une prime à l'application au moyen de
gratifications accordées aux meilleurs élèves. En
même temps, le patron cherchait à inculquer aux
apprentis l'idée de la prévoyance en leur donnant les gratifications sous la forme de livrets
d'épargne. M. Larcher a gardé le vif souvenir de
tous ces faits ; il les raconte avec un plaisir évident, et il est aisé de voir que son temps d'apprentissage ne lui a laissé que de bonnes impressions. Il n'a subi ni les grossièretés, ni les
brutalités, ni les tâches rebutantes qui sont trop
souvent le lot de l'apprenti soumis dès le début
au régime commun de l'atelier. De son propre

aveu, il y a gagné beaucoup en habileté technique et en valeur morale.

En 1876, M. Larcher devenait ouvrier et débutait dans les ateliers Chaix au salaire courant de 6 francs par jour. Deux ans après, en 1878, une grande grève éclata dans les imprimeries parisiennes ; les typographes demandaient une augmentation journalière de 50 centimes. Les ouvriers de la maison Chaix n'eurent point à faire grève, ayant reçu du patron, sans conflit, l'augmentation réclamée par la corporation. D'ailleurs, depuis vingt ans qu'il est dans le métier, M. Larcher n'a jamais connu la grève ; toujours les difficultés ont été réglées à l'amiable dans cet établissement, sans aucun sentiment d'hostilité ou de lutte. Aussi M. Larcher n'a point été amené à entrer dans un syndicat. Au début de sa carrière, il y songea un moment, mais il en fut détourné par un ouvrier plus ancien, qui avait essayé du syndicat et en était sorti mécontent. Notre typographe voyait dans cette association surtout un instrument efficace de placement éventuel. Son camarade lui déclara que le bureau du syndicat plaçait avant tout les partisans chauds, les zélateurs actifs de l'association, et lui cita de nombreuses injustices commises au préjudice d'hommes tranquilles qui, confiants en la promesse donnée, attendaient de longues semaines que les amis fussent casés, sans égard pour le rang d'inscription. Le jeune ouvrier s'en rapporta à l'expérience de son aîné sans vérifier ses dires.

En 1879, M. Larcher partit pour le service militaire, qui fut un peu adouci pour lui, grâce aux économies faites précédemment, grâce aussi aux mesures prises par le patron pour habituer ses apprentis et ouvriers à la prévoyance. En 1883, il revenait avec le grade de sergent-fourrier et retrouvait aussitôt sa place dans la maison Chaix, qu'il n'a plus quittée depuis lors. Son salaire s'est élevé par degrés à 7 fr. 50 par jour ; si ses aptitudes le permettent, il pourra, avec le temps, devenir chef d'équipe, metteur en pages, avec un salaire supérieur et une gratification annuelle, sans parler des autres occasions d'avancement que donne la maison. Si les places sont prises pour trop longtemps, et si M. Larcher est ambitieux, il peut trouver des débouchés au dehors, car beaucoup d'anciens ouvriers de l'imprimerie Chaix en sont sortis, sollicités par d'autres maîtres imprimeurs, qui les recherchent pour en faire des chefs de service, avec de beaux traitements. D'autres ont réussi à s'établir et à prospérer comme patrons.

Dès à présent, d'ailleurs, M. Larcher mène une vie modeste sans doute, mais pourtant aisée. Marié en 1886, devenu père d'un garçon en 1890, il habite sur les hauteurs de Montmartre, dans

·une vaste cour qui forme comme une cité ouvrière,
un logement petit, mais bien entretenu, où tout
offre un aspect honnête, propre et décent.

Nous avons aperçu déjà quelques-uns des résultats obtenus par l'action d'un patronage éclairé :
l'efficacité de l'apprentissage, la fidélité à la maison, le bon accord entre le maître et son personnel, le développement intellectuel des ouvriers.
Ajoutons que la maison fait les plus grands efforts
pour éviter ou restreindre les chômages, qu'elle
s'attache à conserver autant que possible les ouvriers qu'elle a formés, enfin qu'elle a fondé des
institutions de prévoyance d'une haute utilité ;
nous allons en apprécier la valeur par l'exemple
de M. Larcher.

D'abord, et depuis de longues années, M. Chaix
père avait organisé pour son personnel une caisse
de secours mutuels spéciale, qui a rendu les plus
grands services. Cette caisse est alimentée : 1° par
une cotisation de 1 franc par quinzaine versée par
chacun des membres ; 2° par les subventions de
la maison. Elle donne aux malades un secours
quotidien de 2 fr. 25 ; aux femmes en couches, un
don fixe de 50 francs ; aux familles des décédés, un
secours de 100 francs. En outre, les anciens apprentis ont formé aussi, avec l'appui du patron,

une société amicale dont les cotisations ont surtout un but d'assistance mutualiste. Pendant les six premiers mois de maladie, ses membres reçoivent un secours quotidien de 2 francs, qui s'ajoute à celui de la société de secours mutuels. Le typographe, ancien élève et ouvrier de la maison, jouit ainsi d'une solde d'invalidité de 4 fr. 25 par jour. Cela suffit pour éviter la noire misère avec ses conséquences désastreuses. Vient enfin la participation aux bénéfices. Établie en 1872, elle a été appliquée à M. Larcher en 1875. A cette époque, le règlement attribuait au personnel une fraction du bénéfice net révélé par l'inventaire, et répartie au prorata des salaires. Chaque part annuelle était subdivisée en trois fractions : un tiers était capitalisé et remis à l'ayant droit à sa sortie de la maison ; un second tiers faisait l'objet d'un second compte, dont le montant n'était acquis qu'après vingt ans de services, ou à soixante ans d'âge ; enfin le dernier tiers était payé comptant. De 1875 à 1894, soit une période de dix-neuf ans, dont il faut défalquer les quatre années de service militaire, la part de M. Larcher s'est élevée aux chiffres suivants :

Pour les deux tiers capitalisés, y compris la plus-value des valeurs de placement : 2.100 francs ;

Pour le tiers payé comptant, à peu près 900 fr.

C'est, au total, une somme de 3.000 francs dont M .Larcher a bénéficié en sus d'un salaire au

moins égal à celui du tarif courant. Sur cette
somme, les 900 francs reçus comptant, par petites
sommes annuelles de 60 francs, chiffre moyen,
ont été dépensés d'une façon plus ou moins utile,
selon les circonstances. C'était là, du reste, paraît-il,
le cas le plus fréquent parmi les ouvriers de la
maison. Cette répartition relativement faible était
surtout considérée, dit M. Larcher, comme une
gratification que l'on consacrait volontiers à des
acquisitions exceptionnelles, parfois même à
l'organisation d'une petite fête, d'une partie de
campagne ; — encore arrivait-il que certains
camarades évitaient d'y associer leur famille.
Quelques-uns, sans doute, en faisaient un utile
emploi, mais c'était plutôt la minorité: On comptait sur la solidité et la prospérité de la maison,
qui donne un travail et un salaire réguliers, et
aussi sur la réserve en bonnes valeurs due à la
prévoyance du patron. Il est de fait que M. Larcher,
ayant à trente-six ans un capital de 2.100 francs,
pouvait arriver à soixante ans à posséder environ
6 à 7.000 francs par le seul jeu de la participation. Cette ressource n'est pas sans doute à dédaigner ; pourtant il faut convenir qu'elle serait
mince pour faire vivre un ménage devenu hors
d'état de travailler. C'est ce qu'a fort sagement
pensé le patron. Aussi, modifiant en 1894 le système de répartition primitif, M. Chaix a décidé que
désormais le fonds de participation tout entier

5.

serait consacré à la constitution de pensions pour le personnel. A cet effet la somme prélevée sur les bénéfices est placée à la Caisse nationale des retraites, par répartition au compte particulier de chaque intéressé. Avec cette combinaison M. Larcher recevra à soixante ans une retraite de 5 à 600 francs au moins. Il le sait, et cette perspective est pour lui un grand élément de sécurité. Pourtant, l'ancienne répartition a laissé des regrets à lui et à plusieurs de ses camarades. Cette petite somme arrivant chaque année faisait plaisir, dit-il. On sentait mieux l'effet de la participation. Sans doute, je sais que, quand je serai vieux, j'aurai toujours un bout de pain à manger; du reste, j'ai là mon livret pour me le rappeler; mais c'est égal, ce n'est plus la même chose! Ce regret naïf et franc n'est pas pour faire revenir M. Chaix sur sa détermination ; quand l'âge de la retraite approchera, le brave Larcher aura bien changé d'avis et ne pensera plus aux petites et fugitives jouissances que la participation lui procurait chaque année.

En résumé, M. Larcher a trouvé dans les institutions et le régime de patronage de cette maison :

1° Un utile complément d'instruction primaire ;

2° Une forte instruction professionnelle ;

3° Un travail régulier, exempt de longs chômages et payé selon le tarif maximum usité dans la typographie parisienne ;

4° Des secours pour le cas de maladie;

5° Une retraite pour sa vieillesse.

En échange, il témoigne d'une grande affection pour l'établissement, auquel il s'honore haute-ment d'appartenir; il ne le quitterait certes pas volontiers, se montre fier de son importance, de son renom, de son organisation. Il manifeste pour son patron une considération et un respect dont la sincérité est évidente, et son esprit est tellement habitué à l'idée du bon accord réci-proque qu'il a toujours vu régner autour de lui, que l'idée d'une opposition d'intérêts ou d'une lutte lui est tout à fait étrangère. Telle est l'im-pression précise que nous emportons en quittant cet honnête ménage, qui doit à la bonne organi-sation du travail dans l'imprimerie Chaix la paix et la sécurité de son existence.

Les résultats obtenus par la maison Chaix sont si nettement accusés, si probants, que nous avons été amené à pousser plus avant notre enquête auprès de ses ouvriers. Nous sommes donc entré en relations avec plusieurs d'entre eux, dont quelques-uns ne font plus partie actuellement de son personnel. Voici les détails intéressants que nous avons recueillis de la bouche même des in-téressés.

Il y a longtemps déjà que ces patrons ont commencé leur œuvre de progrès social. Déjà le fondateur de la maison, Napoléon Chaix, s'était efforcé d'intéresser directement ses ouvriers au développement de son entreprise, mais il avait trouvé peu d'écho. Il faut dire aussi que sa manière d'entendre la conduite des hommes était empreinte d'une sévérité un peu excessive. On nous a raconté qu'il avait fait placer à l'entrée des ateliers un signal semblable à ceux que l'on emploie dans les chemins de fer. Aussitôt que l'heure de la rentrée avait fini de sonner, le signal tournait et indiquait aux retardataires l'inutilité de faire un pas de plus vers la porte, qui restait impitoyablement fermée, quelles que fussent la durée et les causes du retard. Les ouvriers étaient fort indisposés par tant de rigueur, si bien qu'un jour ils se trouvèrent d'accord pour attendre dehors que le signal de la fermeture eût été donné, puis pour se présenter en masse à la porte, qui fut forcée, après quoi chacun gagna paisiblement sa place.

Ces procédés autoritaires sont depuis longtemps abandonnés dans cette maison, non pas que la discipline y soit plus mauvaise qu'ailleurs; elle est, au contraire, très exacte. Mais on l'obtient par des moyens tout différents, organisés surtout par le regretté M. Albans Chaix, mort récemment, qui fut un patron éminent et clair-

voyant entre tous, et continués avec sollicitude
par son fils et successeur, M. Alban Chaix. Ces
moyens sont surtout : l'école d'apprentissage,
qui forme. les jeunes gens à l'abri des mauvais
exemples de la rue et des brutalités de l'atelier ;
l'action personnelle constante du patron, qui s'efforce de donner à tous ceux qu'il emploie le sentiment de l'initiative, de la dignité, de la prévoyance. A cet effet, les ouvriers sont groupés
aussi étroitement que possible autour de leur chef,
qui les réunit souvent pour leur parler de l'œuvre
commune, de son avenir, de leurs devoirs envers
la maison et envers eux-mêmes. Les assemblées de
la société de secours mutuels, de la société amicale des anciens apprentis, les distributions de
récompenses aux élèves en cours de formation, la
réunion annuelle du personnel entier, convoquée
pour proclamer les résultats de la participation
aux bénéfices, sont pour M. Chaix autant d'occasions de semer ou de réveiller dans les esprits les
idées de solidarité et de progrès. C'est dans une
de ces occasions qu'Albans Chaix disait à ses
ouvriers cette noble parole : « Je veux que, vous,
deveniez les officiers de la typographie parisienne. » Et cette phrase a trouvé chez ceux qui
l'ont entendue un tel écho, qu'ils la conservent
dans leur mémoire et que la plupart d'entre eux
en ont fait la règle de leur conduite.

Ce libéralisme patronal a d'ailleurs donné des

résultats excellents. Le personnel de la maison est dans l'ensemble remarquablement composé, intelligent, capable et dévoué. Il y règne un esprit élevé, un sentiment de respectabilité, une tendance progressive qui en font une élite. Aussi le généreux désir d'Albans Chaix s'est réalisé. Les élèves qu'il a formés se rencontrent fréquemment dans la typographie française, et ils occupent presque tous des emplois supérieurs. Ils sont bien les officiers que voulait leur patron ; ils jouent dans la corporation un rôle particulièrement honorable et en même temps avantageux pour eux-mêmes.

Quelques lecteurs penseront peut-être qu'en fournissant ainsi à ses concurrents un certain nombre de collaborateurs de choix un établissement industriel fait un métier de dupe. Il n'en est rien cependant. En effet, si cette imprimerie laisse aller vers les autres maisons quelques-uns de ses élèves, la majorité lui reste et maintient sa situation. D'ailleurs, avant de la quitter, les émigrants lui ont consacré déjà une partie de leur activité et de leur capacité. Puis, en s'en allant, ils portent au dehors l'influence de son bon renom, l'affirmation de sa valeur, non seulement par leurs œuvres, mais par le souvenir qu'ils en gardent, par le respect et l'attachement qu'ils lui conservent toujours, même lorsqu'ils sont partis mécontents ou froissés. Nous avons eu l'occasion de voir par nous-même quelques exemples très frappants dans ce sens. Nous les résumons ici pour compléter l'impression que doit donner la monographie de M. Larcher, et pour bien montrer que les patrons gagnent toujours à favoriser le développement de leurs ouvriers, même s'il se produit parmi ceux-ci quelques défections, comme cela est inévitable.

M. Simon Frantz, né à Clichy en 1855, est entré comme apprenti à la maison Chaix en 1868, pour apprendre le métier de conducteur de machines typographiques. Il a gardé de son séjour à l'école professionnelle Chaix le meilleur souvenir, et fait toujours partie de l'Association des anciens élèves. Ouvrier margeur en 1872, puis conducteur en titre en 1878, il n'a pas quitté l'atelier depuis lors, jusqu'en 1896, époque où il est devenu patron dans un autre genre d'industrie. Il ne s'est pas séparé sans regret de cette maison où il a travaillé de longues années, à laquelle il reste attaché par les liens d'une véritable affection, et dont il suit toutes les réunions solennelles avec empressement.

M. S. Frantz faisait partie à la fois de trois groupements mutualistes : la Société de secours mutuels de la maison, l'Association amicale des anciens élèves, le Groupe intime des conducteurs.

Il avait ainsi à payer trois cotisations cumulées, en échange desquelles il était assuré de recevoir, en cas de maladie, un secours total de 5 fr. 25 par jour pour le premier mois, de 6 fr. 25 pour le second et le troisième, de 7 fr. 25 pour le quatrième, le cinquième et le sixième. Au delà, il ne faut plus compter que sur la bonne volonté des patrons et des camarades, qui d'ailleurs n'est jamais invoquée en vain ; du reste, les cas de maladie aussi prolongée sont les plus rares.

En quittant l'imprimerie après vingt-quatre ans de services, M. Frantz avait droit à la liquidation intégrale de ses parts de participation. Il en avait reçu un tiers en argent, soit 2.000 et quelques cents francs ; les deux autres tiers, capitalisés, ont donné 5.500 francs, auxquels M. Frantz a ajouté 2.000 francs d'économies personnelles, qui représentent à peu près ce qu'il a reçu en espèces. Le tout versé à la Caisse nationale des retraites par les soins de la maison, à capital réservé, lui assurera à 55 ans une pension viagère de 980 francs. Si M. Frantz avait constitué une famille, il en serait résulté pour lui des charges qui auraient probablement diminué quelque peu ce résultat ; mais le seul jeu de la participation, dont il aurait pu bénéficier pendant quinze ans encore, devait en tous cas le mettre à l'abri de la misère pendant sa vieillesse.

M. R... était aussi conducteur-typographe chez MM. Chaix. Élève de la maison, ouvrier vers 1876, il avait fait dix-neuf ans de présence comme tel, déduction faite du service militaire, lorsque, à la suite d'un incident qui le mécontenta, et par un brusque coup de tête, il se décida à quitter la maison. Excellent ouvrier, il a facilement obtenu ailleurs du travail, avec un salaire plus élevé, mais il a beaucoup perdu au change. D'abord, il a été atteint par la déchéance réglementaire qui, avant 1896, frappait les participants qui se retiraient sans avoir vingt ans de services à leur actif. M. R... a perdu de la sorte un tiers de sa part ; un autre tiers lui a été payé comptant d'année en année ; le troisième, liquidé à sa sortie et placé en titres incessibles et insaisissables, lui donne à peu près 100 francs de revenu. Ensuite, M. R... est maintenant dans une maison où il ne trouve ni société de secours, ni garantie précise contre le chômage, ni participation. En un mot, comme il l'observe lui-même, il ne retrouve pas là ces liens de solidarité qui font la force de l'imprimerie Chaix. Il ne doit donc plus compter que sur lui-même. Mais la formation supérieure qu'il a reçue de la maison Chaix lui permet précisément de se tirer d'affaire plus aisément qu'un autre. C'est cette formation qui lui a valu des emplois bien rémunérés, et qui le fera toujours rechercher entre beaucoup d'autres. Il s'en rend très bien compte, et les griefs que M. R... impute à cette maison ne l'empêchent nullement de reconnaître tout ce qu'il lui doit.

Nous avons rencontré ailleurs un typographe, M. P..., qui, entré chez MM. Chaix en 1870, est resté dans la maison vingt-trois ans, y compris les années d'apprentissage. Ouvrier très intelligent, M. P... avait une situation de contremaître. Il l'a quittée pour entrer dans une grande imprimerie parisienne, avec un salaire supérieur et des chances d'avancement plus immédiates. Avec sa valeur personnelle, son savoir technique, sa conduite régulière, M. P... a devant lui un avenir pour ainsi dire illimité, s'il sait profiter des occasions d'avancement qui se présenteront sûrement à lui. Il se loue hautement des institutions dont il a profité chez MM. Chaix, et dont il a tiré d'abord une bonne instruction technique, ensuite un sentiment de dignité personnelle, une tendance à l'initiative, qui font de lui un ouvrier exceptionnel, enfin des avantages pécuniaires importants. La participation lui a donné : 1° 800 à 900 francs espèces ; 2° une réserve en valeurs donnant par an à peu près 100 francs de revenu ; 3° un placement à la Caisse des retraites qui lui assurera à cinquante-cinq ans une pension de près de 500 francs. La maison qui l'occupe actuellement ne lui offre aucun de ces avantages, mais c'est un homme assez bien préparé pour ne pas craindre l'avenir. Voici d'ailleurs une lettre qu'il nous a écrite ; sans être à l'abri de la critique, elle donnera une idée assez précise de la manière de penser des ouvriers formés par de bonnes institutions patronales. Chez tous ceux dont il est question ici, nous avons en effet retrouvé à peu près les mêmes idées :

« En ce qui concerne le développement de la condition du travailleur, dit M. P..., il sera long à se réaliser, sans qu'il faille pourtant en désespérer. Pour moi, j'en vois les étapes à peu près ainsi :

« Associations d'épargne de toute nature (caisses d'épargne, de secours mutuels, de retraites, de secours en cas de décès) ;

« Associations de consommation ;

« Chambres syndicales (1) ;

« Associations de production.

« J'ai suivi l'ordre que je crois le plus favorable à l'éducation sociale du travailleur. En effet les caisses d'épargne agissent pour donner à l'individu le goût de l'économie ; les caisses de secours mu-

(1) Nous devons dire, à ce propos, que les ouvriers précités ont été unanimes pour constater la faiblesse des syndicats actuels.

tuels présentent à leurs sociétaires un intérêt immédiat, une sécurité actuelle ; on en peut dire autant des sociétés de consommation ; les caisses de retraites sont bien plus difficiles à organiser, parce que le résultat est éloigné de l'heure présente — on croit avoir toujours le temps d'y penser, ce qui fait que généralement on y pense trop tard (1) ; — les caisses de secours en cas de décès remplaceraient avantageusement les assurances, qui font le bonheur des actionnaires des compagnies, mais coûtent trop cher aux clients ; les chambres syndicales sont fort utiles pour soutenir les intérêts des corporations, mais à la condition qu'elles ne tombent pas dans les mains des politiciens, qui, après les avoir prises comme marchepied, les abandonnent quand ils n'en ont plus besoin.

« Quant aux sociétés de production, c'est là un but très éloigné. Comme je vous l'ai dit au cours de notre conversation, elles réussiront d'autant mieux si elles sont organisées par en haut, c'est-à-dire en descendant du patron à l'ouvrier. Voici comment je comprends les phases de cette évolution : 1° participation aux bénéfices, sans immixtion dans les affaires ; 2° participation aux bé-

(1) Cette remarque est fort juste et nous amène à remarquer, en passant, combien l'initiative patronale peut être utile pour vulgariser la notion des caisses de prévoyance de toute espèce, pour familiariser les familles ouvrières avec leurs résultats et les accoutumer à en assumer la gestion. N'est-ce pas là un côté essentiel de l'œuvre d'éducation que nous signalons?

néfices avec immixtion dans les affaires, les participants laissant le capital acquis engagé dans
l'entreprise ; 3° actionnaires ouvriers peu nombreux, nommant la direction ; 4° admission de
nouveaux actionnaires à tout petit capital, c'est-
à-dire de presque tout le monde.

« Tel est le but, mais nous n'y sommes pas
arrivés. »

On peut évidemment douter de la portée pratique du but que M. P... entrevoit, et discuter
sur la possibilité et l'utilité réelles d'une telle
extension des sociétés coopératives de production.
Mais il n'en est pas moins vrai que, si la classe
ouvrière comptait beaucoup d'hommes formés à
une école aussi sensée et aussi libérale, la question ouvrière prendrait un aspect tout autre. Or
la plus grande partie du mérite de cette formation
remarquable appartient au patron. Ce sont ses
ouvriers qui l'affirment eux-mêmes. Voilà une
conclusion qui méritait assurément d'être mise en
pleine lumière.

2° *Typographe non patronne*

M. C... est né à Paris en 1843. Entré en apprentissage en 1856, dans une petite imprimerie, il y fût bien traité, grâce à la bienveillance naturelle du patron, qui considérait ses apprentis comme des membres de sa propre famille. Aujourd'hui, dit M. C..., les choses ont bien changé à ce point de vue. Les apprentis sont en général livrés à eux-mêmes, ils apprennent peu et contractent beaucoup de mauvaises habitudes. L'excès du mal a inspiré l'idée de la fondation d'une école professionnelle, d'abord privée, devenue ensuite municipale, et connue sous le nom d'école Estienne. Elle forme un certain nombre de bons élèves, fortement préparés sous le rapport du savoir technique, mais peu ou point sous celui de l'éducation sociale. Le résultat obtenu par ce moyen est donc très incomplet.

Ouvrier en 1860, M. C... se trouva rangé presque immédiatement dans l'élite de sa corporation. A vingt ans, il était occupé déjà comme metteur en pages, avec un salaire supérieur au taux courant, lequel fut de 5 francs à 5 fr. 50 jusqu'en 1862, époque à laquelle une grève le fit monter à 6 francs. Élevé à 6 fr. 50 en 1868, il tend aujourd'hui à s'établir sur la base de 70 centimes l'heure, soit

7 francs par jour, parfois même plus pour les bons ouvriers. Il faut dire, à ce propos, que le métier de typographe est assez dur dans les grandes imprimeries parisiennes. Les travaux de nuit sont fréquents pendant la période active de l'année, et ils usent rapidement l'ouvrier. En été au contraire, le chômage survient et dure parfois pendant de longues semaines. D'ailleurs, si M. C... a beaucoup travaillé de jour et de nuit, il n'a guère connu le chômage, grâce à sa réputation bien établie d'homme sûr, intelligent, habile dans sa profession.

M. C... est, en effet, un ouvrier exceptionnel. Sa tenue, son intérieur, son langage, la rectitude et l'élévation de ses idées, tout indique un homme de savoir et d'expérience. Il s'intéresse vivement aux questions sociales, et il a fait beaucoup pour pousser ses camarades dans les voies de la prévoyance par la mutualité, et de la gestion de leurs intérêts corporatifs par les chambres syndicales. Il a fondé lui-même une société de secours mutuels, et contribué à l'organisation de divers groupements analogues, notamment de l'association ou caisse de retraites connue sous le nom de *Prévoyants de l'Avenir*, dont le succès a été très grand, puisqu'elle compte jusqu'à 200.000 membres. Il constate en passant que les jeunes gens s'intéressent moins qu'autrefois aux sociétés de secours en cas de maladie et davantage aux combinaisons à longue échéance en vue de la retraite.

En ce qui concerne le syndicat des typographes, M. C..., qui l'a suivi fidèlement, constate sa faiblesse numérique (2.000 ouvriers sur 10.000) et son peu d'influence. Ce syndicat est intervenu à diverses reprises dans un sens pacifique, mais son rôle n'est pas à la hauteur de la situation. Pourquoi ? Parce qu'il l'a trop étroitement restreint à la lutte contre les exigences des employeurs, sans chercher à utiliser ses forces autrement dans les périodes de tranquillité.

La considération dont jouit M. C... dans sa corporation l'a fait désigner, avec quelques autres, pour entrer dans le conseil d'administration d'une association coopérative de typographes fondée il y a quelques années. Les associés avaient essayé d'abord de se gouverner eux-mêmes, mais ils y réussirent si mal que, pour éviter une catastrophe imminente, ils résolurent de constituer un comité choisi parmi des camarades étrangers à l'affaire. Depuis lors, l'association végète en joignant à peine les deux bouts, accablée qu'elle est sous le poids des charges imprudemment assumées au début. Le fait est curieux comme démonstration de la difficulté qui s'oppose à la création spontanée de tels groupements et des embarras majeurs qui en résultent pour les ouvriers associés.

En résumé, nous nous trouvons ici en présence d'un ouvrier exceptionnel par sa capacité intellectuelle, par son habileté technique, par sa valeur morale. Il est dans le métier depuis plus de trente-cinq ans et il en a tiré des gains relativement élevés. C'est d'ailleurs un homme modéré et prévoyant. Mais, d'autre part, il a eu à supporter de lourdes charges. Sa mère a vécu longtemps chez lui. Marié deux fois, sa première femme, ses enfants, lui-même, ont traversé de coûteuses maladies. Il a perdu plusieurs des siens après de longs sacrifices. Dans ces conditions, réduit à son salaire, et bien que celui-ci fût élevé, M. C... n'a pas fait d'économies. Il touche à la vieillesse, déjà il n'est plus apprécié au même degré, son salaire a été réduit, et l'avenir ne lui offre, pour toute prévision, que la très faible pension viagère, à capital aliéné, que la Société des Prévoyants de l'Avenir pourra lui payer après sa soixantième année.

Si les choses sont ainsi pour un ouvrier d'élite, elles ne peuvent manquer d'être moins favorables encore pour un homme ordinaire, moins bien payé, moins formé, moins prévoyant. Dans de pareilles circonstances il lui faut recourir à l'hôpital pour ses malades, à l'assistance publique pour lui-même quand l'âge lui ferme les ateliers. Les chômages sont pour lui des moments de rude misère, de cruelle souffrance pour les siens. A tous ces maux le patronage bien organisé peut apporter un remède efficace, nous allons en donner de nouvelles preuves.

3° *Chaudronnier-plombier de la maison Barbas,*
Tassart et Balas, à Paris

M. Mercier, né en 1830, à Illiers (Eure-et-
Loir), fit son apprentissage de chaudronnier à Châ-
teaudun, dans un petit atelier où il était bien traité,
vivant dans la famille, comme c'était encore la
coutume alors. Ses parents s'étaient d'ailleurs liés
par un contrat et avaient dû payer une somme de
150 francs. Aujourd'hui l'apprentissage est en
général beaucoup plus négligé : les enfants ne reçoivent plus ni les mêmes soins, ni la même instruction technique. Nous verrons bientôt quels
résultats on peut cependant obtenir par une bonne
organisation de l'éducation professionnelle.

Devenu ouvrier en 1846, à l'âge de seize ans,
M. Mercier fit son tour de France, selon la coutume très fréquente à cette époque. Il séjourna à
Tours, Bordeaux, Toulouse, Nîmes, puis vint à
Paris en 1848. Cette époque troublée lui fit connaître bien des alternatives de chômage et de
prospérité, et il venait enfin d'entrer dans une
bonne maison, lorsque le service militaire le prit
en 1851. En 1855, après avoir fait la campagne de
Crimée, il était libéré par anticipation, quittait

l'armée avec les galons de sergent et reprenait à Paris son ancien métier. Il l'exerça chez divers patrons de 1855 à 1859, et entra à cette dernière époque dans la maison Ed. Goffinon, plomberie et couverture (aujourd'hui Barbas, Tassart et Balas), qu'il n'a jamais quittée depuis et où il est devenu contremaître.

A cette époque, le taux courant des salaires était fixé à 5 francs par jour pour les ouvriers formés. Depuis lors, il s'est élevé peu à peu jusqu'à 7 francs, par un mouvement naturel, sans grève. Du reste, les patrons n'ont jamais rencontré devant eux-d'organisation ouvrière sérieuse ; il existe bien un syndicat des plombiers, mais il est faible et sans influence. Nous aurons l'occasion d'en parler plus amplement tout à l'heure.

M. Goffinon était un patron fort intelligent et fort avisé, qui comprenait à merveille la solidarité qui existe entre les intérêts du maître et ceux des ouvriers. Dès 1862, après quelques années de direction, il commença à ébaucher chez lui des institutions patronales, qui furent solidement organisées en 1872, et que ses successeurs ont conservées avec un soin extrême. La maison eut ainsi son école d'apprentis, sa société de secours mutuels, alimentée par les cotisations du personnel et la subvention du patron ; son assurance contre les accidents, entièrement supportée par la maison ; enfin sa caisse de prévoyance et de retraites, alimentée surtout par la participation aux bénéfices.

L'ensemble de ces institutions constitue pour le personnel un précieux élément de sécurité et de développement. Si M. Mercier n'a pas profité de l'école d'apprentissage, il a pu y faire admettre son fils René. M. René Mercier s'est formé dans cette école, a travaillé quelques années dans la maison, puis, avec l'assentiment et la recommandation de ses patrons, il est entré chez un autre entrepreneur de couverture et plomberie, qui lui offrait la perspective d'un bel avenir. Aujourd'hui, ce jeune homme de trente-deux ans est attaché à titre d'intéressé à la maison qui l'emploie. Nous retrouvons ici les traditions libérales de l'imprimerie Chaix, et elles produisent les mêmes fruits. En effet, M. Balas a pu constater en 1893 que 35 0/0 des apprentis ou ouvriers de la maison sont devenus patrons.

La Société de secours mutuels donne à ses membres 2 fr. 50 par jour pendant les six premiers mois, 2 francs par jour pendant les trois mois qui suivent. Pour un chef de famille comme M. Mercier, qui a eu six enfants, dont deux seulement survivent, un tel secours n'est certainement pas considérable ; pourtant il permet d'éviter, pendant les maladies ordinaires, le complet dénuement qui atteint l'ouvrier sans appui.

La participation aux bénéfices est organisée chez

MM. Barbas, Tassart et Balas de la manière suivante. La maison donne au personnel 5 0/0 sur les
bénéfices nets, et la somme produite par ce prélèvement est répartie au prorata des salaires tou-
chés dans l'année par les employés et ouvriers
admis à participer, et formant une sorte de noyau
ou d'élite. La somme qui revient à chacun est alors
divisée en deux parts. La première est remise en
espèces ; M. Mercier a touché de la sorte, de
1872 à 1895, environ 2.000 francs. Une seule année n'a rien produit ; une autre n'a donné que
13 francs ; la plus favorable a fourni à la famille
une subvention importante de 115 francs. Le chiffre
moyen pour vingt-trois ans est d'environ 87 francs.
Cela est peu de chose pour une famille aisée ; pour
une famille ouvrière, il suffit parfois d'une somme
aussi modique pour éteindre une dette criarde, compléter un terme de loyer, acquérir un meuble utile,
améliorer l'ordinaire d'un enfant délicat. M. Mercier est au moins de cet avis et apprécie hautement
la participation à ce point de vue, malgré ses résultats relativement faibles.

D'ailleurs cette recette ne représente que la première moitié de la part attribuée à M. Mercier. En
effet, le règlement prescrit que la seconde moitié
sera versée à un compte de prévoyance et de retraite ouvert à chaque participant. Ce compte
s'augmente des intérêts à 5 0/0 de la somme portée au crédit, ainsi que du produit des déchéances

encourues par les démissionnaires et les congé-
diés. M. Mercier est titulaire, de ce chef, d'un livret représentant un capital actuel de 5.669 francs,
lequel produit, à raison de 5 0/0, une rente annuelle de 285 fr. 45. Lorsque M. Mercier, qui a
soixante ans, et qui, bien que très vert encore, voit
déjà ses forces et son salaire diminuer, voudra se retirer, son avoir sera placé, à son choix, à la Caisse
nationale des retraites, dans une compagnie d'assurances ou en titres de premier ordre, de manière
à lui constituer un revenu incessible et insaisis-
sable. Dès maintenant, d'ailleurs, il pourrait réclamer cette sorte de consolidation, tout en continuant
à travailler.

Si nous résumons maintenant nos observations,
nous verrons que M. Mercier, qui d'ailleurs est
un ouvrier assidu, dont la vie n'a pas cessé d'être
régulière et respectable, a tiré des institutions
patronales les avantages suivants : travail aussi
suivi que possible, sécurité appréciable pour les
cas de maladie et d'accidents, facilités d'instruction et de placement pour son fils, pécule relativement important pour sa vieillesse.

Nous allons maintenant comparer ce résultat
avec celui qui ressort de l'histoire d'un ouvrier
non patronné. Le parallèle est plein d'intérêt.

4° Plombier et tôlier de Paris non patronnés

M. V...., ouvrier plombier à Paris, est né dans le département d'Eure-et-Loir, en 1864. Son père était petit patron et lui fit faire son apprentissage dans des conditions exceptionnellement favorables. Du reste, la profession ne comporte guère, en général, un véritable apprentissage. Chaque ouvrier est doublé, pour exécuter les travaux, d'un aide rétribué qui, après quelques années, se trouve en état d'agir comme compagnon, s'il est tant soit peu intelligent et attentif.

M. V... père étant mort de bonne heure, le jeune homme dut aller chercher fortune ailleurs. Il quitta sa ville natale et vint à Paris, où il passa successivement par plusieurs chantiers, au hasard de la demande de main-d'œuvre. A cette époque, c'est-à-dire vers 1880, les aides étaient payés par jour 4 fr. 25; les compagnons, 6 francs à 6 fr. 50. En 1882, les ouvriers plombiers de Paris dressèrent, avec l'appui du Conseil municipal, un nouveau tarif qui portait les salaires à 5 francs pour les aides, à 7 francs pour les compagnons, pour une journée de huit heures en été, de sept heures en hiver. Ceci fut accepté en principe; mais depuis

lors beaucoup de patrons, surtout les petits, ont
pu embaucher au rabais, sans se soucier d'un
tarif que personne n'était en état de soutenir.
D'autre part, comme le métier comporte en
moyenne trois mois de chômage par an, le gain
total annuel ne dépasse guère pour les compagnons
les mieux payés 1.700 francs, et tombe bien au-dessous de ce chiffre pour la majorité d'entre eux.

M. V..., qui est évidemment un ouvrier intelligent, et qui en outre, d'après nos renseignements,
est un homme rangé, très assidu à son travail,
jouit d'une situation exceptionnelle dans la corporation. Depuis quelques années, son patron l'a
fait chef de chantier, ce qui lui assure un travail
plus régulier, rarement interrompu, et une haute
paye de 0 fr. 50 par jour. Son salaire peut varier
ainsi de 2.000 à 2.200 francs ; mais, nous le
répétons, c'est là une exception rare dans ce corps
d'état. Marié en 1887, il a deux enfants, ce qui
constitue déjà une charge assez lourde. D'autre
part, M. V... entend vivre avec une raisonnable
aisance, il a ce sentiment de confortable, de respectabilité, qui se rencontre si fréquemment chez
les ouvriers anglais. Mais avec le prix de la vie,
et bien qu'il habite hors des murs, notre plombier
n'arrive qu'à joindre les deux bouts, à peu de chose
près, et né peut guère penser à réaliser de sérieuses
économies. Dès lors, que faire pour couvrir tous
les risques de la vie : maladies, chômages, décès

prématuré du chef de famille ? Réclamer une augmentation de salaire ? Toute demande individuelle échouerait à coup sûr, car la main-d'œuvre n'est pas rare. Il y a bien une chambre syndicale des plombiers-couvreurs-zingueurs, mais elle est très peu nombreuse, pauvre et sans autorité, ce qui ne permet pas davantage les demandes collectives. Puis M. V..., est le premier à reconnaître qu'en haussant le prix de la main-d'œuvre on risque de raréfier le travail et d'augmenter le chômage, ce qui aurait pour résultat immédiat de ramener le salaire à un taux moyen inférieur.

La seule institution de prévoyance que le patron de M. V... ait organisée — et en définitive il y a pensé dans son propre intérêt exclusivement, — c'est l'assurance contre les accidents. Les ouvriers payent une prime de 5 centimes par jour de travail, soit de 12 à 15 francs par an ; le patron la perçoit par retenue sur le salaire et en dispose à son gré, sans rendre aucun compte à personne. En cas de malheur, la victime est indemnisée par la compagnie d'assurances à laquelle le patron s'est abonné. En fait, celui-ci se débarrasse à peu de frais d'un risque assez grave. Pour le surplus, c'est à chacun de se tirer d'affaire par son seul et unique effort. M. V..., qui est jeune et bon ouvrier, y parvient tout juste, mais il reste exposé sans aucune garantie à tous les hasards de l'avenir, à toutes les mauvaises chances que l'âge amène avec lui.

6

A côté et à l'appui de cet exemple, nous pouvons placer encore celui de M. M..., ouvrier tôlier à Paris. Né en 1858, il a fait son apprentissage chez un petit patron qui s'était intéressé à lui et qui le traitait en enfant de la maison. Il ne songe à cette époque de sa vie qu'avec une sorte d'émotion reconnaissante, surtout lorsqu'il compare son apprentissage à celui des enfants qu'il a vus depuis dans les ateliers. Devenu ouvrier, il a gagné d'abord 70 centimes par heure pour des journées de dix heures. Vif, actif, adroit, il peut passer pour un bon ouvrier. Et, comme le métier, assez dur, assez difficile, tente moins les jeunes gens et use plus vite que beaucoup d'autres, M. M... a rarement manqué d'ouvrage. Il s'est marié et a quatre enfants. Par malheur, sa femme est devenue maladive et a besoin de ménagements, de soins. Ce sont là des charges lourdes, car, quand la mère est au lit ou à l'hôpital, il faut donner les enfants en garde, et cela coûte en moyenne 1 franc par enfant et par jour.

Du reste, M. M... est pour le moment en état de supporter ces frais. Il est placé chez un entrepreneur de fumisterie, qui l'emploie comme ouvrier spécialiste et habile, au taux élevé de 1 fr. 10 l'heure, soit pour une journée de dix heures un salaire total de 11 francs. Les ouvriers fumistes, tous Italiens, comme leur patron lui-même, ne gagnent que 5 francs par jour. La situation du tôlier

paraît donc enviable ; en réalité, elle est fort précaire. Ce rude métier use très vite son homme.
M. M... déclare que déjà, à certains jours, il « sent
son bras », celui qui manie le marteau. A quarante-
cinq ans, les forces ne sont plus suffisantes pour
endurer les fatigues d'une longue journée, l'ouvrier
traîne, le patron s'en aperçoit, le congédie ou réduit
son salaire, en un moment où les enfants sont
encore jeunes, les charges lourdes, la vie coûteuse.
Si l'ouvrier a fait quelques économies, elles disparaissent à la première crise, et la famille reste
dépourvue en face de tous les risques d'une vieillesse prématurée et vouée à la misère.

Il est inutile de dire que M... n'a rien à attendre
du patron en dehors du salaire, sauf cependant la
prime d'assurance-accidents qui est payée par le
maître. Mais le jour où il faiblira, cet homme sera
mis sur le pavé sans autre ressource que ses bras
à demi usés et un métier devenu trop dur pour
ses forces, triste perspective qui n'est pas sans
l'effrayer quand il y pense. Aussi s'efforce-t-il de
l'écarter de son esprit ; mais le temps marche vite,
et il la sent déjà prochaine, sans voir aucun
moyen de lui échapper.

5° *Fondeur en caractères de la maison Deberny* (*Tuleu et Cie*)

M. Henri Mahler est né à Strasbourg en 1831. Entré en 1844 comme apprenti dans la maison Berger-Levrault, alors installée dans cette ville, il y apprit la profession de fondeur en caractères d'imprimerie. L'apprentissage durait quatre ans, et, comme tout se faisait alors à la main dans le métier, il fallait du soin et de l'attention pour devenir un bon ouvrier. M. Mahler resta dans le même établissement jusqu'à sa vingt-unième année; il gagnait alors 15 francs par semaine et devait soutenir sa mère. Dans l'espoir d'obtenir un meilleur salaire, il résolut de se rendre à Paris, où il arriva en 1852. Il put entrer presque aussitôt dans les ateliers de la maison Deberny, déjà très connue pour la perfection de sa fabrication, et qui a su conserver cet honorable renom. Le jeune homme recevait alors 4 francs par jour, puis 4 fr. 50, soit 24 à 27 francs par semaine.

En 1865, M. Mahler épousa une laborieuse jeune fille qui, pour améliorer la situation du ménage, travailla de son métier de couturière, d'abord à la journée, puis chez elle lorsqu'elle eut ses deux

enfants, un garçon et une fille. Les époux Mahler
avaient du reste des charges assez lourdes. La
santé du mari fut chancelante durant plusieurs
années, jusqu'en 1870 ; sa mère lui coûta jusqu'en
1872, époque à laquelle elle mourut. Un peu plus
tard, M. Mahler, tenant à faire donner à son fils
une solide instruction, le mit pendant plusieurs
années à l'école payante, ce dont l'enfant profita
d'ailleurs, car il ne tarda pas à se faire, tout jeune
encore, une bonne position dans une maison de
commerce. La fille, sérieusement élevée, elle aussi,
après avoir travaillé quelques années avec sa
mère, s'est mariée de bonne heure d'une manière
convenable. En somme, après cinquante-deux ans
de travail assidu, M. Mahler pourrait vivre aujour-
d'hui fort tranquille, s'il n'avait été frappé récemment d'un affreux malheur. Son fils s'est noyé
accidentellement, à trente-deux ans, laissant deux
jeunes enfants dont les grands-parents ont pris à
peu près complètement la charge. Du reste, abstraction faite du chagrin et des fatigues un peu
dures qui en résultent pour des gens déjà âgés et
lassés par une longue et laborieuse carrière, leur
position matérielle leur permet d'élever facilement
les petits. En effet M. Mahler s'est acquis peu à peu
une véritable et honorable aisance ; nous allons
voir comment.

Remarquons immédiatement que, depuis 1852,
M. Mahler n'a jamais quitté la maison Deberny,

passée depuis sous la direction de M. Tulou. Il
avait pour cela de bonnes raisons. D'abord, les
patrons n'ont jamais cherché, dans cette maison, à
faire travailler au rabais ; toujours ils ont appliqué
le tarif maximum usité dans la profession. Ainsi,
M. Mahler, qui jusque vers 1869 gagnait 4 fr. 50
par jour aux pièces, vit son salaire porté successivement à 4 fr. 75, puis à 5 francs, sans qu'il fût
jamais question de lutte ou de grève entre le personnel et la direction. Devenu contremaître en
1875, il gagna 6 francs par jour, puis 120 francs
par quinzaine ; en 1896, il a été appointé au mois à
raison de 250 francs. Pendant ce temps, sa femme
gagnait de son côté, sachant se conserver une
bonne clientèle. Cela leur a permis de vivre plus
commodément, de se loger mieux, plus près de
l'atelier du mari et des clientes de la femme. Au
début de leur ménage, ils habitaient au Gros-Cail-
lou un petit logement de 220 francs par an ; puis
par des migrations successives ils se sont agran-
dis et rapprochés, si bien qu'ils occupent aujour-
d'hui dans le voisinage de la rue Lafayette un
appartement de 925 francs, dont l'aspect confortable et soigné fait la meilleure impression.

En outre des avantages qui résultaient pour
M. Mahler de l'accroissement régulier de son
salaire, il faut noter celui de la régularité du travail dans son atelier. M. Deberny s'est toujours
attaché à éviter à son personnel les chômages et

les renvois périodiques, faisant tous ses efforts
pour régulariser la production autant que cela était
en son pouvoir. Cette industrie a pourtant subi
une transformation complète. Le machinisme a
bouleversé les anciennes méthodes et remplacé le
travail à la main par la fabrication mécanique.
Pourtant, les ouvriers de la maison Deberny en
ont profité bien plus qu'ils n'en ont souffert, cela
grâce aux sages mesures prises par le patron, qui
a su ménager les transitions et qui a traité tous
les membres de son personnel, non pas en simples
loueurs de bras, mais en collaborateurs.

Pour arriver à ce résultat, M. Deberny et son
digne continuateur, M. Tuleu, ont suivi avec clairvoyance et persévérance la voie qui conduit à
l'amélioration individuelle des ouvriers, et qui en
fait des hommes d'élite, des collaborateurs sur
lesquels on peut compter. En premier lieu, l'apprentissage est organisé avec grand soin; les
élèves sont formés en toute conscience et initiés
à tous les détails du métier, y compris la fabrication à la main, qui rend encore des services pour
les fontes exceptionnelles et délicates. Pendant ce
temps, les jeunes gens sont rétribués suivant une
échelle croissante et dressés autant que possible
à l'assiduité, à l'ordre et à la prévoyance. Devenus ouvriers, ils profitent d'abord du travail régulier et bien payé de la maison, puis de ses insti-

tutions de prévoyance, dont nous allons dire maintenant quelques mots.

C'est en 1848 que M. Deberny a organisé chez lui la participation aux bénéfices, concurremment avec une société de secours mutuels. Jusqu'en 1872, les parts revenant aux ouvriers leur furent remises en espèces ; mais, constatant après une longue expérience que l'esprit de prévoyance des ouvriers ne se développait que lentement, M. Deberny résolut de modifier son système. Il fusionna en quelque sorte la caisse de secours et la participation, pour fonder la *caisse de l'atelier*. Cette caisse est alimentée : 1° par une retenue de 2 0/0 sur les salaires ; 2° par la capitalisation des intérêts produits par les fonds placés en titres, ou prêtés aux collaborateurs à 6 0/0 l'an ; 3° par la participation aux bénéfices. Elle est administrée par un comité composé en partie de membres choisis par le patron, en partie de membres élus par le personnel, et procure aux employés et ouvriers les avantages suivants :

En cas de maladie, les secours médicaux et une solde de 3 francs par jour.

En cas de départ ou de décès prématuré, un capital calculé d'après la durée des services.

Après vingt-cinq ans de présence (vingt ans pour les femmes) et à cinquante ans d'âge, une pension partielle qui s'ajoute au salaire encore gagné par l'intéressé. Après cinquante-cinq ans, le pensionné peut se retirer complètement et reçoit alors la retraite entière, calculée d'après la durée de sa présence dans l'établissement.

En 1871, la maison Deberny avait distribué déjà plus de 106.000 francs. M. Mahler avait reçu pour sa part près de 800 francs. Aujourd'hui, la caisse possède à son actif 144.000 francs et lui paye une pension partielle de 1.400 francs par an. Lorsqu'il se retirera, sa retraite totale atteindra le chiffre élevé de 2.300 francs.

Ces chiffres ont une éloquence que les commentaires ne pourraient qu'affaiblir. Ajoutons seulement que, grâce à ces institutions, l'existence de M. Mahler a singulièrement gagné en dignité, en confort et en sécurité. Il a eu d'assez dures épreuves à traverser. De 1863 à 1870, sa santé a été fort ébranlée. Grâce à l'aide de la caisse de secours de la maison et d'une caisse libre de secours mutuels dont il fait partie depuis son arrivée à Paris, cet ouvrier a pu franchir sans trop de peine ce redoutable passage. L'éducation de son malheureux fils lui a coûté cher, et il reste chargé de jeunes enfants. Mais il est maître de la situation, autant que cela est humainement possible. Aurait-il pu s'en tirer aussi bien s'il était resté entièrement livré à lui-même, si une mutualité bien organisée par des patrons éminents n'était venue à son secours ? Évidemment non. Cela ressortira d'ailleurs d'une façon nette de l'exemple fourni par le type dont nous allons maintenant esquisser les principaux traits.

6° *Fondeur en caractères non patronné*

M. L... est né à Paris et a fait son apprentissage dans cette ville. Il n'a pas gardé de cette époque de sa vie, qui a duré trois ans, un bien bon souvenir. Le maître payait le moins possible, rudoyait passablement ses apprentis, et ne prenait pas grand soin de leur instruction. Des courses fréquentes les mettaient en contact prolongé avec la rue et avec ses fâcheux enseignements. Devenu ouvrier, il passa successivement par diverses maisons, où il gagna d'abord 5 francs, puis 5 fr. 50 et 6 francs. Les chômages étaient assez fréquents, sinon très prolongés, et abaissaient le salaire moyen par journée de plus de 25 0/0. En 1881, les fondeurs organisèrent une grève qui dura plusieurs semaines. Elle n'eut pas d'autre effet que d'imposer aux ouvriers de lourdes pertes et d'amener les patrons à augmenter chez eux l'emploi des machines, qui sont aujourd'hui d'un usage général.

Du reste, il est à remarquer que le machinisme

n'a pas exercé une action déprimante sur le salaire. Après quelques années de trouble, la situation s'est équilibrée peu à peu, et la prospérité des affaires a amené les patrons à porter à 7 francs le prix de journée des ouvriers, qui pourtant n'ont plus la même valeur technique qu'autrefois, puisque la fabrication à la main est devenue un fait exceptionnel.

La maison où est occupé M. L... est une des plus actives de Paris. Elle fabrique surtout l'article courant et fait beaucoup d'affaires. Aussi ses ouvriers ont-ils peu de chômage, au moins pour le moment. Mais, en dehors de cette circonstance favorable, ils n'ont rien à attendre de la maison en outre du salaire. Il n'existe là aucune institution patronale, ni pour les apprentis, ni pour les ouvriers. M. L... ne fait partie d'aucune association mutualiste, c'est un isolé dans toute la force du terme. Il appartient cependant au syndicat de sa corporation, mais ce syndicat est peu nombreux et sans ressources ; les choses sont donc comme s'il n'existait pas, ou à peu près.

À côté de cela, M. L... doit subvenir à des charges assez lourdes. Il est marié et père de plusieurs enfants, dont la santé a nécessité à diverses reprises des dépenses fort notables. Pour mieux se tirer d'affaires, il est allé se loger hors des murs ; là, les loyers sont moins élevés, certaines subsistances s'obtiennent à meilleur compte, d'autres au contraire sont plus chères, et en général la qualité est moins bonne. D'autre part, on jouit d'un peu plus d'espace et d'air. Dans ces conditions, avec beaucoup d'ordre et d'économie, M. L... réussit à vivre, mais il ne fait pas de réserves, et le moindre accident dérangerait son budget.

Notre fondeur est du reste, cela est aisé à démêler dans son attitude, un homme parfaitement tranquille et pacifique, qui vit avec résignation dans le cercle étroit de sa vie laborieuse. Mais cette résignation même fait peine à voir. Elle sent par trop l'apathie découragée, le défaut d'initiative, la lourdeur de l'esprit. Du reste, tout pacifique qu'il est, M. L... n'en laisse pas moins percer un sentiment général de malaise et de rancune vis-à-vis de son employeur, et du patronat en général. Il n'a pas d'idées précises, il ne sait rien formuler en particulier, mais il se considère visiblement, en dedans de lui-même, comme la victime d'un état de choses mauvais. Il a dans la mémoire quelques phrases banales contre la tyrannie du capital, mais il ne voit en aucune manière comment on pourrait diminuer l'abus dont il souffre vaguement. En un mot, s'il est peu capable de se révolter, ou même seulement d'agir contre le patron, il n'a pour ce dernier aucune sympathie, pour ses intérêts aucun souci, car, à son sens, il n'existe nulle solidarité

réelle entre son maître de métier et lui. On lui
achète sa main-d'œuvre, il en donne ce qui est
nécessaire pour ne pas encourir de reproches,
mais ce ne sera jamais, dans ces conditions, un
collaborateur dans le sens élevé et en même temps
pratique de ce mot. M. L... n'en est pas moins
ce qu'on appelle vulgairement un bon ouvrier,
dont personne ne se plaint, pas même son patron.
Mais quelle différence on trouve, si on le compare
aux hommes formés par les maisons que nous
avons citées tout à l'heure.

7° *Peintre en bâtiments de la maison Redouly et Cie*
(ancienne maison Leclaire)

M. Froment est né à Paris en 1841 et a fait
dans cette ville son apprentissage de doreur, chez
un petit patron et dans des conditions assez
bonnes. En 1860, âgé de dix-neuf ans, il entrait
comme ouvrier dans la maison Leclaire, qui était
déjà l'une des plus considérables de Paris. Depuis
de longues années, le personnel avait été organisé
par ce patron éminent d'une manière remarquable, très propre à le sélectionner, à le développer, à en faire une élite dans la corporation.
C'était en effet une des préoccupations essentielles.

7

de Leclaire de relever le niveau professionnel, intellectuel et moral de ses ouvriers. En 1864, il leur disait : « Que chacun apprenne aux autres à bien remplir leurs devoirs. Ayons conscience de notre dignité d'hommes, conduisons-nous de manière à mériter l'estime. »

Pour atteindre son but, Leclaire avait fondé trois institutions qui ont servi d'exemple à beaucoup de chefs de maison : 1° une école d'apprentissage propre à instruire promptement et sérieusement les élèves. «. Instruisons nos enfants, disait à ce propos Leclaire, dirigeons-les de manière à ce qu'un jour ils puissent faire de bons pères de famille, de bons citoyens, de bons ouvriers » ; 2° une société de secours mutuels assurant les employés et ouvriers contre les crises amenées par la maladie et. en outre, contre les incapacités de la vieillesse ; 3° la participation aux bénéfices, qui servait à développer, à enrichir. la société de secours mutuels, tout en accroissant les salaires.

Avec son esprit à la fois pratique et généreux, Leclaire avait organisé tout d'abord son affaire de la manière que voici: il choisissait dans son personnel les hommes les plus méritants, pour former un groupe d'élite, un *noyau*, dont la compétence, l'activité et le zèle devaient entraîner tout le reste. Aux membres de ce noyau il attribuait, chaque année, des gratifications arbitraires, variant.

de 150 à 300 francs. De plus, il les admettait dans sa société de secours mutuels, qui, moyennant un simple droit d'entrée, sans cotisations ultérieures, leur assurait les soins médicaux et une indemnité de 3 fr. 50 par jour ; les soins gratuits étaient accordés aussi aux femmes et aux enfants. En 1864, Leclaire ajouta à ces avantages celui d'une pension de retraite, actuellement fixée à 1.200 francs par an après vingt ans de services au moins et à cinquante ans d'âge. Les ouvriers mis par accident dans l'impossibilité de travailler reçoivent aussi cette pension. Elle est, en outre, réversible par moitié sur la tête de la veuve et des orphelins mineurs. En 1890, la caisse comptait 121 membres et entretenait 77 pensionnaires, y compris les veuves. De plus, tous ses membres sont assurés sur la vie entière pour un capital de 1.000 francs.

De leur propre initiative, les ouvriers ont formé une caisse indépendante qui grossit un peu le secours de maladie, une caisse dite de souscription permanente qui pourvoit aux infortunes exceptionnelles, une société amicale dont le but est de resserrer les liens de camaraderie et d'aide mutuelle.

On voit par ce résumé très court que M. Froment était arrivé à se placer dans un milieu particulièrement favorable, et dans lequel il a réussi du reste à merveille. Dès l'âge de vingt-trois ans il était contremaître doreur, bien payé et participant à titre de membre du noyau. Depuis lors, il a fait partie des comités constitués par Leclaire pour s'éclairer sur toutes les questions relatives soit à la marche de la maison, soit à celle des institutions patronales. Sa situation s'est améliorée peu à peu, si bien qu'il a fini par devenir directeur en titre des services de la dorure, avec un traitement en rapport avec l'importance de ses fonctions.

M. Froment s'était ainsi haussé par son travail au-dessus de la condition d'ouvrier, et, effectivement, après avoir élevé une famille et bien placé ses enfants, il vivait en bourgeois dans une petite maison à lui, lorsqu'il a été frappé, en novembre 1896, par une mort prématurée. C'était évidemment un ouvrier d'élite, et il fût peut-être monté tout aussi haut même sans le secours des institutions de Leclaire. Mais, en tout cas, comme il le disait lui-même, cela eût été bien autrement difficile, et rien n'assure qu'il fût parvenu aussi vite et aussi bien dans d'autres circonstances.

On sait comment la maison Leclaire est devenue une association coopérative de production d'un genre un peu spécial. Cette évolution est intéressante et de nature à appeler de sérieuses réflexions ; mais, pour en apprécier la portée, il faudrait entrer dans des développements trop étendus pour trouver place ici.

8° *Peintre en bâtiments non patronné*

M. Morelet est né à Longjumeau, en 1854, et a fait chez son père l'apprentissage de peintre en bâtiments. Il a donc échappé aux inconvénients ordinaires de l'apprentissage, inconvénients qu'il a trop souvent constatés depuis et qu'il signale comme une cause grave de démoralisation pour les jeunes gens. M. Morelet travailla aussi comme ouvrier avec son père, qui finit par perdre son petit avoir, redevint ouvrier, subit un accident grave et tomba pendant plusieurs années à la charge de ses enfants.

Rentré du service militaire un an avant la mort de son père, notre peintre trouva d'abord du travail au Havre, puis à Paris, où il devint assez promptement chef de chantier. Le salaire courant était alors fixé, depuis une grève ouverte vers 1870, à 60 centimes par heure. Il avait fallu trois mois de suspension du travail pour obtenir ce résultat. En 1870, nouvelle grève, qui dura seulement trois semaines et fit hausser le prix de l'heure à 70 centimes. Vers 1886, ce taux fut élevé sans lutte à 80 centimes. M. Morelet, qui est enduiseur, gagne davantage, la spécialité étant dangereuse à cause de l'emploi constant du blanc de plomb

ou céruse. Il reçoit actuellement, au taux courant,
11 francs pour une journée de huit heures. Ce
serait fort beau si le travail était régulier et sans
péril. Mais, d'abord, les chômages sont longs et
fréquents; en 1895, M. Morelet est resté inoccupé
en tout neuf mois sur douze. Il n'est pas d'année
qui n'amène des suspensions de travail de trois,
quatre et même cinq mois. On voit après cela à
quoi se réduit le salaire moyen, même avec des
journées de 11 francs.

M. Morelet a traversé dans sa vie d'ouvrier deux
périodes dont il a gardé un vif souvenir. La première va de 1876 à 1878. Il était employé alors
dans l'ancienne maison Leclaire, aujourd'hui
Redouly et Cie. Bien que simple auxiliaire, il jouis-
sait d'avantages notables : travail plus régulier,
bon traitement, participation aux bénéfices. Il
aurait pu y faire son chemin comme tant d'autres,
et s'assurer une retraite pour sa vieillesse, sans
parler de tous les autres profits dont jouissent les
membres du *noyau*. Mais malheureusement le travail vint à manquer. Morelet fut mis au repos,
trouva de l'ouvrage ailleurs et ne rentra pas au
bon moment. En 1882, il fut pourtant repris pendant quelques mois, comme auxiliaire, cessa de
nouveau, et ne revint plus parce qu'il avait trouvé
quelque chose d'équivalent. C'est alors qu'il con-
nut la seconde des périodes dont nous parlions
tout à l'heure.

..La maison Thiers, dans laquelle M. Morelet était ainsi entré en 1882 (il y avait du reste passé déjà deux ans en 1872-74), était organisée, elle aussi, sur un plan très favorable au personnel. M. Thiers traitait les hommes avec considération, organisait le travail de manière à atténuer les chômages, subventionnait une caisse de secours en cas de maladie et d'accidents, enfin faisait participer ses ouvriers aux bénéfices, avec répartition annuelle en argent. Morelet rappelle tout cela avec une sorte d'enthousiasme mêlé de vifs regrets, car la maison Thiers, ruinée en 1886 par la faillite d'un banquier, dut liquider et disparaître.

Depuis lors, notre peintre a partagé le sort de tant de centaines de ses camarades. Il va se faire embaucher, quand il peut, à la place Baudoyer, le lieu de rendez-vous des peintres sans ouvrage. On le prend pour une demi-journée, un ou deux jours, une semaine, une quinzaine, selon les hasards du besoin. Ces courtes périodes sont coupées de longs repos, pendant lesquels notre homme court Paris, cherchant l'occasion de poser quelques carreaux de vitre, de faire un petit raccord de peinture, et autres *bricoles* analogues.

Il est à noter d'ailleurs que cette situation est exploitée par certains patrons, qui en profitent pour engager des ouvriers au rabais, et font même venir des étrangers pour augmenter la concurrence des bras. Les peintres sont

organisés en vue de défendre leurs intérêts corporatifs. Mais leur syndicat, qui n'a jamais réuni
qu'une faible minorité parmi les ouvriers de la
profession, ne joue qu'un rôle fort effacé. Il a toujours été mal conduit ; les fonds provenant des
cotisations ont été à un certain moment dilapidés.
Dans ces conditions son action devait être et est
restée nulle en face de l'influence toute-puissante
de la chambre syndicale des patrons.

M. Morelet s'est marié tard, à trente-huit ans, avec
une veuve déjà chargée de deux enfants, qui en a
mis au monde un troisième depuis lors. Absorbée
par les soins du ménage, atteinte dans sa santé,
Mme Morelet ne peut guère songer à travailler au
dehors. Il faut donc se contenter des maigres
gains du mari et vivre pauvrement au jour le jour,
sans aucun autre appui éventuel que celui de l'assistance publique, sans aucun avenir assuré. Telle
est la condition réelle d'un grand nombre d'ouvriers ; on fait volontiers ressortir le prix de
journée officiel, dont le chiffre scandalise presque
les personnes peu renseignées. Mais combien la
réalité est loin de l'apparence ; les gains de 8,
10, 11 francs par jour se réduisent le plus souvent à un salaire moyen de 4 à 5 francs et même
moins, qui ne laisse à l'ouvrier que juste le nécessaire pour vivre d'une existence précaire, côte
à côte avec la misère qui le menace incessam-
ment.

9° *Ouvrier teinturier non patronné*

Nous citerons encore, pour terminer, l'exemple de M. O..., ouvrier teinturier dans une importante maison de Paris. Entré dans cet établissement en 1866, M. O... ne l'a jamais quitté depuis. Il y est devenu contremaître. Du reste, son père y était occupé avant lui et n'a pas encore abandonné l'ouvrage malgré son âge déjà respectable. Ce n'est donc pas une mauvaise maison, puisqu'elle conserve ainsi ses ouvriers. Les patrons ont même pris certaines mesures en faveur de leur personnel. Ils ont organisé une société de secours mutuels ; elle donne à chaque malade 1 fr. 50 par jour, en outre des soins et des médicaments, qui profitent aussi à la famille en cas de besoin. Lorsque le travail manque, on s'arrange pour occuper les ouvriers tour à tour. Cela arrive malheureusement trop souvent. Les salaires sont d'ailleurs assez faibles : 50 centimes l'heure, prix maximum, pour une journée de dix heures. Donc, quand un ouvrier a gagné dans le cours de l'année, chiffre moyen, entre 3 fr. 50 et 4 fr. 50 par jour, il doit s'estimer heureux. Il faut bien convenir qu'il est difficile d'économiser avec un tel

7*

salaire dans une ville comme Paris. M. O... qui est contremaître, mieux payé par conséquent, qui a une femme entendue et laborieuse, et point d'enfants, vit dans une aisance relative, mais il constate avec une tristesse résignée qu'il y a bien de la misère, bien de l'insécurité, bien des craintes autour de lui. Cependant ses patrons ont fait fortune, et il semble que, s'ils avaient voulu ou su appliquer plus complètement le patronage, ils auraient pu assurer un certain nombre de travailleurs contre les âpres préoccupations d'une vieillesse abandonnée et misérable.

Nous arrêtons ici nos observations. Elles suffisent pour établir d'une manière précise que le patronage bien compris, exercé dans un esprit libéral, constitue un procédé d'une haute portée sociale et économique, d'une valeur pratique incontestable. On pourrait, du reste, multiplier indéfiniment les exemples, les prendre dans d'autres localités et dans des professions différentes, mais le résultat final resterait toujours le même, à titre d'effet constant d'une cause identique.

Pour exercer convenablement le patronage libéral, un patron doit avant tout se décider à faire des sacrifices de temps et d'argent. Sur ses loisirs

il prendra quelque chose pour entretenir avec ses
ouvriers des rapports personnels dont l'influence
éducatrice peut être considérable ; sur ses profits
il prélèvera, chaque année, une certaine somme
destinée à subventionner les institutions fondées
en vue de compléter les budgets ouvriers. Ce partage volontaire des bénéfices est au fond une
chose raisonnable et juste. Essayons de le démontrer en nous appuyant, comme toujours, sur
les faits révélés par l'expérience.

III

LE BUDGET DU PATRONAGE

Bases financières du patronage. — La grande question de
la répartition des profits. — La participation du personnel
ouvrier aux bénéfices, ses origines, sa nature juridique.
— La participation forcée. — Effets de la participation
par rapport aux ouvriers et aux patrons. — Arguments
présentés contre le procédé de la participation.

I

On peut dire que la production économique
résulte de l'action commune de trois facteurs
essentiels : 1° le capital, formé par la matière et
les forces accumulées ; 2° l'intelligence, qui combine et dirige; 3° le travail, qui exécute. Chacun
de ces facteurs a droit à une part distincte dans le
résultat des opérations productrices. Au capital on
attribue un amortissement qui l'entretient, un intérêt qui le rémunère, et, pour compenser les risques

courus du fait de l'aléa des affaires, une part de profit ou dividende. A l'intelligence appartient d'abord un salaire raisonnable, puis, dans la plupart des cas, une part de profit proportionnée aux services rendus, et qui s'ajoute au traitement alloué pour le labeur quotidien de la direction. Au travail de main-d'œuvre, enfin, est attribué le salaire, compté à l'heure, à la journée, à la semaine, à la quinzaine, au mois, à l'année, ou à la tâche. Dans beaucoup de cas le travail ne reçoit rien au-delà de cette rémunération stricte, établie dans des limites aussi restreintes que possible, d'après la moyenne actuelle des contrats de main-d'œuvre. Est-ce là un état de choses raisonnable? Pour répondre avec précision à cette question, nous devons étudier avec soin la raison d'être et la nature du salaire.

Si l'on veut étudier les sociétés humaines dans l'ordre de leur complication, en allant des plus simples aux plus compliquées sous le rapport de l'organisation du travail, on est amené tout naturellement à placer, au début de la série, des groupes qui ne connaissent pas le salaire. Ils sont constitués en communautés plus ou moins nombreuses, dans le sein desquelles chacun reçoit en nature les moyens d'exister, en échange d'un

travail qui profite à tous. Mais ce type ne peut sub-
sister normalement que dans des régions intrans-
formables, où le travail nourricier demeure forcément simple et immuable. Tels sont les pays de
steppes herbues, où seul l'art pastoral est praticable parce que le climat trop rude ne permet
pas la culture du sol.

Quand les hommes s'éloignent des régions où
la communauté leur est imposée par les circonstances, ils sont amenés à varier leurs occupations,
et par là même à compliquer les relations sociales.
La division du travail, la spécialisation des aptitudes, le *métier*, deviennent nécessaires. Les
familles cessent de se suffire à elles-mêmes ; elles
échangent des services, et, pour la commodité des
transactions, le salaire apparaît. Il se règle d'abord
en nature : produits ou travaux, puis plus tard à
prix d'argent. Nous faisons abstraction ici de l'es-
clavage, qui est un fait anormal, résultat de la violence ; le servage, au contraire, s'il est loyalement
organisé et pratiqué, donne lieu à l'établissement
d'un véritable contrat de travail, en vertu duquel
le serf reçoit, en échange des services qu'il rend,
certains avantages importants qui forment son
salaire.

Telle est l'origine naturelle du salaire considéré
sous sa forme la plus simple. En cet état, quelles
relations a-t-il avec le profit ? Dans la communauté, le profit entre dans le patrimoine commun

de la famille, il en accroît la fortune, indéfiniment
indivise. C'est qu'en effet, tout appartenant à tous,
aucune attribution individuelle n'est possible (1).
Mais, dès que la communauté se brise, et aussitôt que
la division du travail détermine l'apparition du
salaire, la situation se transforme en prenant successivement divers aspects qu'il est nécessaire de
distinguer.

D'abord apparaît l'artisan ambulant, qui va de
village en village pour offrir ses services, petit
entrepreneur cumulant de maigres salaires et de
pauvres profits. Quand les centres deviennent plus
populeux, l'artisan se fixe auprès de cette clientèle
sédentaire, et, travaillant seul, conserve la même
situation au point de vue du produit de son travail.
Pourtant, si ses affaires réussissent, il ne suffit
plus à la besogne et prend des ouvriers pour
l'aider : il devient patron et la question du salariat
apparaît. Elle est du reste atténuée par l'organisation familiale que les petits ateliers conservent
encore dans beaucoup de cas, surtout à la campagne, mais déjà le profit échappe nettement à
l'ouvrier proprement dit, pour rester aux mains
du maître. Cela s'explique naturellement par la raison que celui-ci supporte en fait toutes les charges
de l'entreprise : création de l'établissement, grou-

---

(1) Exception faite pour quelques objets d'usage absolument
personnel et d'une faible valeur relative.

pement, des capitaux, recherche de la clientèle, estimation et direction des travaux, tenue de l'atelier, risques commerciaux ou autres. L'ouvrier, au contraire, ne fournit qu'une chose : son travail. Il ne court pas tous les risques, il n'a pas à vaincre toutes les difficultés, à surmonter tous les obstacles que rencontre son patron. Dans ces conditions on peut dire qu'il n'a pas de droit précis à faire valoir sur le profit, fruit des avances, des combinaisons et de l'habileté du patron.

Cette situation s'accentue encore quand il s'agit des industries mécaniques et manufacturières, où tous les éléments prennent des proportions grandioses. Ici l'entrepreneur individuel ne suffit même plus. Dans beaucoup de cas, il fait place à l'association. Les capitaux engagés sont énormes, les affaires reçoivent une extension très grande, la direction exige des capacités éminentes, les risques enfin sont proportionnés au chiffre et au nombre des affaires. L'ouvrier isolé voit son rôle personnel diminuer considérablement, car il n'est plus qu'une mince unité perdue dans la masse du personnel employé. Son action propre est relativement si peu de chose dans l'ensemble des opérations, il faut pour assurer le succès de l'entreprise tant de conditions et d'efforts qui lui sont étrangers, que toute prétention absolue de sa part au partage des bénéfices apparaît au simple bon sens comme injustifiée et exorbitante.

Ainsi, hors du type communautaire, dont le
domaine est rigoureusement délimité par des circonstances naturelles, le partage des fruits du
travail s'opère logiquement de telle sorte, que la
main-d'œuvre ne peut prétendre justement qu'au
salaire. Ce n'est là du reste qu'une face de la
question ; il en est une autre qu'on ne saurait
négliger sans erreur. En effet, si l'on s'en tenait à
la formule rigoureuse que nous venons d'énoncer,
bien des abus sociaux se trouveraient justifiés. On
retomberait aussitôt dans ces théories dissolvantes
qui font de l'ouvrier un simple marchand de travail, du patron un acheteur préoccupé uniquement
de se procurer sur le marché une denrée dont il a
besoin. Comme M. Ch. Robert l'a dit avec l'éloquence du cœur et la force de la raison évidente :
« En cas d'offre abondante de bras, faut-il ouvrir
une sorte d'adjudication au rabais pour choisir
ceux d'entre eux qui s'engagent à travailler jusqu'à
extinction de force et de vie, au plus bas prix possible pour le plus grand nombre possible d'heures
de travail ? » Non certes, parce que, si cela est *économiquement* avantageux, en ce sens que le patron
tire de cette main-d'œuvre à bon marché un profit
immédiat, le procédé est en définitive *socialement*
dommageable, car il abâtardit les populations,
trouble les esprits, fait naître les rancunes et prépare pour l'avenir d'âpres luttes et des ruines
immenses. C'est pour cette raison que l'homme

prévoyant porte son regard au-delà des choses du
lendemain, qu'il ne se considère pas comme absolument quitte envers l'ouvrier quand il a versé
entre ses mains le salaire convenu. Légalement et
économiquement il ne lui doit plus rien ; socialement, il est encore obligé envers le travailleur. Il
lui doit, en outre, son patronage, son appui d'une
manière générale, son secours dans les crises qui
menacent la sécurité de son existence et de celle
des siens. Or il est un excellent moyen d'appuyer
le patronage, d'en régulariser, d'en consolider les
effets, c'est de faire à l'ouvrier une part dans le
profit. D'ailleurs tout chef de métier qui patronne
ses ouvriers fait à leur intention certaines dépenses
dont il prélève le montant sur ses bénéfices ; il
pratique forcément, naturellement, la participation indirecte. Mais on peut aussi combiner les institutions de patronage avec la participation directe,
visible, pour ainsi dire, et cette combinaison présente de grands avantages. En effet, en appelant
la main-d'œuvre à prendre sa part du profit sous
cette forme, on arrive à produire sur l'esprit de
l'ouvrier une impression profonde, qui l'élève,
excite son zèle et augmente sa force de production.
Cette influence certaine représente un élément très
actif de progrès social et économique. C'est là que
réside la véritable raison d'être de la participation
aux bénéfices (1). En faire un droit, c'est se lancer

(1) M. Gouse, conseiller à la Cour de cassation, a écrit dans son

dans une impasse dangereuse, car, si vraiment il y
avait là un droit positif et certain, il ne s'agirait pas
de le discuter, mais uniquement de le consacrer
et d'en fixer les limites. Or cela est impossible,
sinon par des décisions arbitraires qui entraîne-
raient la ruine d'un grand nombre d'entreprises. Ce
n'est pas davantage un simple devoir philanthropique, ni une manifestation de pure générosité.
C'est, comme toutes les institutions de patronage,
un élément efficace de progrès social et économique (1). Il n'est pas possible de lui donner une

rapport au Congrès de la Participation tenu en 1889 : « L'ouvrier
est un capital vivant qui se place sur le même rang que le capital
argent, car il a aussi ses risques et ses mérites. D'après cela, il
aurait un *droit* au partage proportionnel des profits. » De son côté,
M. Ch. Robert a écrit : « La participation ajoutée au salaire
répond à un droit naturel..... Le profit espéré d'un travail fait en
commun par plusieurs personnes doit, aussi exactement que possible, se répartir proportionnellement à la valeur des concours
qui ont créé ce profit. » Nous croyons que ces hommes éminents,
entraînés par les plus nobles préoccupations, sont allés trop loin
et ont commis une confusion. Leur raisonnement s'applique bien
à l'association, qui met tout en commun, mais non pas au louage
d'ouvrage, qui pour l'ouvrier donne droit au salaire, et pour le
maître impose le devoir social du patronage. L'oubli de ce devoir
aboutit aux plus grands désordres, ce qui constitue en fait la plus
forte des sanctions.

On a dit aussi : les affaires comportent deux risques : risque
de perte, pour le patron ; risque professionnel, pour l'ouvrier.
Tous deux doivent être couverts par le profit, qui amortit le capital à raison de tant 0/0 par an, et l'ouvrier par une prime d'assurance, aussi annuelle. C'est là un raisonnement bien artificiel,
qui tend à mettre obligatoirement toutes les charges de cette
nature au compte du patron. On entrerait ainsi dans une voie
très dangereuse, pour aboutir à des résultats probablement nui-
sibles pour tout le monde.

(1) « Il est certain, a dit noblement Engel-Dollfus, qu'il n'y a pas,
pour l'ouvrier, de *droit* à la participation ; je dirai, par contre, tout

sanction légale complète, absolue, mais cette
sanction découle naturellement des faits et des
résultats de la vie courante. Avec une majorité
de chefs de métier agissant en même temps comme
de vrais patrons, une nation serait à l'abri de la
plupart des crises qui agitent le monde du travail
là où les simples employeurs dominent. Cela est
du reste parfaitement naturel. Dans un atelier
patronné la sécurité du lendemain produit la tranquillité des esprits, la confiance mutuelle, la communauté des intérêts ; à tout cela le partage des
profits peut ajouter une productivité plus grande
et moins coûteuse à temps égal. Dans une entreprise où l'ouvrier n'est, au contraire, pour l'employeur qu'une force soldée au plus bas prix possible, chaque partie songe seulement à faire
prévaloir, au besoin par la force, son intérêt du
moment, et la guerre sociale reste toujours imminente.

La participation aux bénéfices doit donc rester
une création volontaire du patron dans l'organisa-

aussi catégoriquement, qu'il y a pour les patrons des devoirs qui
ne se discutent plus ; de ce nombre est celui de fonder, d'une
façon inébranlable et définitive, les institutions de prévoyance. »
Et encore : « Le principe naturel de la participation n'est autre
que l'équité dans l'exercice d'un devoir... Il faut à la participation
ouvrière ou à ses équivalents, quelle que soit leur forme du
moment, un mobile plus élevé que l'intérêt ou la peur ; ce mobile
c'est l'équité, qui a sa source dans des sentiments plus nobles,
et qui demande instamment qu'après avoir établi expérimentale-
ment la théorie des institutions de prévoyance et de secours, on
en fasse désormais l'application la plus étendue. »

tion du travail, parce que lui seul a droit au profit, naturellement et absolument. Mais le patron trouve intérêt à faire à son personnel une part dans ses profits. Telle est la conclusion qui s'impose à notre attention.

La participation, considérée comme la base générale des institutions de patronage, et en même temps comme un puissant moyen d'éducation, nous a paru mériter un examen détaillé, car ce procédé est plus compliqué, plus délicat, et en même temps moins connu que ceux dont nous avons parlé brièvement tout à l'heure. C'est sous l'empire de la même préoccupation que nous avons réuni à la fin de ce travail quelques types gradués de règlements de participation; ils peuvent servir de base première pour l'organisation de ce régime et pour son développement.

II

L'histoire de la participation aux bénéfices se
confond presque avec celle du grand commerce,
de la fabrication manufacturière, de la pêche et de
la culture. Sans même remonter jusqu'à l'antiquité,
et en nous limitant pour le détail à notre seul pays,
nous allons voir, en effet, que cette pratique est
connue et appliquée depuis bien des siècles, sous
des formes variées, par des entrepreneurs très
nombreux et dans des affaires très diverses à la fois
comme importance et comme nature. Nous parlerons d'abord du commerce, puis de l'industrie, en
troisième lieu de la pêche, et enfin de la culture.

En ce qui concerne le commerce, la coutume
d'attribuer une part de bénéfices, ou *intérêt*, aux
principaux employés est immémoriale. Elle est sortie tout naturellement des circonstances. En effet,
dans beaucoup de cas, l'activité des ventes dépend
essentiellement de l'esprit d'initiative, de l'expérience, du tact, du savoir-faire de certains employés. Ceux qui sont préposés au choix et à l'ac-

quisition des marchandises, ceux qui les assortissent
ou les mélangent, ceux qui les font valoir auprès
du client, contribuent tous et personnellement au
résultat final. Cela est encore plus vrai pour ceux
qui dirigent une branche du service ou une succur-
sale. Les employés aux écritures eux-mêmes, bien
qu'ils n'aient aucune action directe sur le trafic
ou sur la clientèle, facilitent les affaires par
leur soin, leur application et leur activité. Les
patrons se sont bien rendu compte de cela en
tous temps, et se sont attachés à récompenser
et à soutenir le zèle de leurs agents au moyen de
parts prélevées sur les bénéfices. Aux employés,
les plus nécessaires, les plus habiles, ils garan-
tissent cette part au moyen d'un contrat qui les
lie étroitement à la maison. Aux autres ils la
donnent à titre de gratification périodique. Parfois encore, la part revient à l'intéressé sous la
forme d'un tant pour cent calculé d'après le chiffre
des ventes opérées par son intermédiaire. Mais,
quelle que soit la forme adoptée, le but est clair
et précis : il s'agit de rattacher d'une manière
directe, pour ainsi dire tangible, l'intérêt du commis à celui du patron, pour le plus grand profit de
l'un et de l'autre.

Lorsque les mouvements du commerce étaient
étroitement resserrés par l'organisation corporative,
un tel système ne devait trouver que rarement son
application complète, parce que les grandes mai-

sons à personnel nombreux étaient peu communes. Mais, depuis l'établissement de la liberté du commerce, les combinaisons de participation se sont grandement généralisées. On les rencontre partout, avec des variantes multiples, depuis le cadeau ou gratification d'inventaire jusqu'au système le plus compliqué, comme celui des grands magasins de nouveautés de Paris, par exemple, en passant par le tantième que le commis voyageur ajoute à son traitement fixe. Il est nécessaire de remarquer que, souvent, les commissions ou remises sont imputées au débit du compte de frais généraux, mais il est difficile de les faire entrer en totalité dans le prix de revient des marchandises, surtout avec la concurrence actuelle, si bien qu'en définitive le profit en fournit presque toujours une certaine portion.

La participation des employés de commerce aux bénéfices des patrons présente donc un grand intérêt, car elle contribue dans une large mesure à améliorer la situation d'une catégorie d'hommes laborieux, qui remplissent souvent leur tâche avec une remarquable intelligence et le zèle le plus méritoire. Mais, d'un autre côté, cette catégorie de travailleurs n'est pas la plus nombreuse ; les salaires de ses membres sont, la plupart du temps, sensiblement plus élevés que ceux des ouvriers, et leur position est par conséquent plus aisée. Enfin la participation existe dans beaucoup.

8

de maisons de commerce, et s'organise chez elles
sur des bases élémentaires très faciles à établir. Il
serait donc peu utile d'insister ici sur ce qui concerne
ce type, mieux vaut porter notre attention sur les
faits relatifs à la classe ouvrière, dont la situation
est à la fois plus difficile et plus compliquée.

En matière d'industrie, la pratique de la participation aux bénéfices est également fort ancienne. Depuis de longs siècles, des patrons avisés
abandonnent une part de leur profit, non seulement à leurs agents commerciaux, mais encore
à leurs directeurs, contremaîtres et ouvriers.
C'est là un mode de rémunération si naturellement propre à stimuler le zèle, l'activité du
travailleur, que partout où son initiative, sa conscience, son habileté professionnelle exerçaient une
action importante sur le résultat, la participation
est née pour ainsi dire d'elle-même, sous des
formes simples, mais pourtant assez variées. Pour
les chefs de service, la participation prend l'aspect d'une part d'intérêt fixe ou proportionnelle
au chiffre des bénéfices réalisés dans l'année ;
pour les contremaîtres et ouvriers, elle consiste
surtout en dons arbitraires remis parfois sous la
forme de gratification en espèces, très souvent
aussi sous celle de subvention en nature. Lors-

qu'un patron donne de la sorte à son personnel
du bois et du charbon de chauffage, des étoffes,
des vêtements, des denrées, dans quelques cas un
logement gratuit, il est bien évident qu'il fait
par là un sacrifice sur son profit dans le but
d'améliorer la situation de ses ouvriers et de les
attacher à son entreprise par le lien solide de l'intérêt personnel.

Jusqu'à la fin du xviii⁰ siècle, les grands ateliers
étaient d'ailleurs trop rares pour que la participation prît le sens et l'aspect qu'on lui donne de
nos jours. Elle constituait une tradition si naturelle dans son principe et si simple dans son application, que l'on ne songeait guère à l'ériger en
système propre à pourvoir à des difficultés qui
n'offraient point alors l'ampleur qu'elles affectent
aujourd'hui. Pourtant, on voit poindre dès lors,
dans quelques esprits supérieurs, l'idée de son
importance et la conception de son rôle comme
instrument de paix sociale. Déjà Montesquieu,
parlant des rapports entre propriétaire et colon,
avait dit en son style presque lapidaire : « Il n'y
a qu'une société de perte et de gain qui puisse
réconcilier ceux qui sont destinés à travailler avec
ceux qui sont destinés à jouir. » Un peu plus tard,
Simonet, l'importateur de l'industrie de la mous-
seline, formulait nettement l'idée d'associer les
ouvriers de manufacture aux bénéfices du patron.
En 1775, dans une lettre adressée par Turgot à

l'intendant de Caen au sujet de l'organisation des
compagnies d'ouvriers provinciaux militaires, ce
grand administrateur esquissait tout un plan de
participation : les hommes devaient recevoir une
solde de 10 sous par jour, et de plus, au moyen
d'un prélèvement allant jusqu'à 20 0/0 du produit
net de leur travail, une masse de sortie, qui pouvait atteindre 300 livres par tête, devait être constituée à leur profit. Les troubles de l'époque firent
échouer cette combinaison inspirée par un sage et
libéral esprit de prévoyance.

Plus tard encore, lorsqu'après la période des
grandes guerres l'industrie mécanique et manufacturière put s'organiser en France, ces traditions
saines et généreuses subsistèrent dans beaucoup
de maisons, mais elles prirent souvent un caractère restrictif, en ce sens qu'on négligea davantage
le personnel ouvrier, devenu trop nombreux, pour
s'attacher surtout à exciter et à récompenser le
zèle des agents dirigeants. Un certain nombre de
patrons, plus éclairés et plus philanthropes à la
fois, n'hésitèrent pas cependant à faire de grands
sacrifices en faveur de leurs ouvriers. C'était le
cas, par exemple, pour beaucoup de patrons alsaciens, qui multipliaient les œuvres de patronage
et dépensaient beaucoup d'argent pour aider les
familles prolétaires placées sous leur direction. En
agissant ainsi, ils les faisaient évidemment participer à leurs bénéfices, et cela dans une large

mesure. Mais cette participation prenait, extérieu-
rement du moins, l'aspect d'un mouvement généreux plutôt que d'une organisation d'économie
industrielle. C'est en France surtout que l'idée a
pris sa forme vraiment moderne, et qu'elle a été
d'abord étudiée, formulée, pratiquée de la manière
la plus rationnelle par plusieurs chefs de maison.
Leclaire, simple ouvrier arrivé par son énergie à
la situation de chef d'une importante entreprise
de peinture en bâtiments, y pensa dès les premières années du régime de Juillet (1), mais il fut
retardé ou entravé dans l'exécution, d'abord par
les méfiances de la police, ensuite par celles du
socialisme. Il est bon de remarquer en passant
que la centralisation administrative se trouva être,
comme les théories *a priori* de l'école socialiste,
un obstacle à la libre expansion d'un procédé basé
sur une organisation naturelle et libre des rapports
entre patrons et ouvriers. Cela n'a du reste rien
qui puisse étonner. Le centralisme et le socialisme reposent l'un et l'autre sur la prépotence et
l'omniscience de l'État. Il n'y a entre les deux
systèmes qu'une différence de degré et de personnel, le fond de la doctrine est le même.

(1) On assure que Jean-Luc le Grand, fondateur d'une grande
industrie au Ban-de-la-Roche (Alsace), ami des Pestalozzi et des
Oberlin, pratiquait déjà une sorte de participation dès le début
de ce siècle. D'un autre côté, on nous a assuré que la maison
Seydoux, Siéber et Cⁱᵉ, filature, au Cateau (Nord), a appliqué la
participation dès l'année 1839.

Par l'effet de ces circonstances, c'est en 1842 seulement que Leclaire put commencer à appliquer sa combinaison d'une façon régulière. Il le fit dans l'esprit le plus sage et par les procédés les plus ouverts, les plus libéraux, les plus propres à développer chez ses ouvriers le sentiment de leur responsabilité et la vue précise de leur intérêt propre, si étroitement uni à celui du patron. Il ne fut pas sans rencontrer, au début, des difficultés provenant de la méfiance, de l'ignorance, de l'apathie, qui dominaient chez presque tous, et même du mauvais vouloir aveugle qui se manifesta chez quelques-uns. Mais sa franchise évidente, sa persévérance énergique, et surtout les résultats obtenus, triomphèrent de tous les doutes. Une sélection s'opéra dans le personnel, il se forma une élite, un *noyau*, selon la pittoresque expression du fondateur, et bientôt, appuyé sur cet élément de premier ordre, Leclaire put développer ses affaires au point d'amener sa maison au niveau des plus considérables de France.

Pendant que l'entrepreneur parisien luttait ainsi pour assurer le succès de ses idées, un fabricant d'Angoulême, Laroche-Joubert, réorganisait ses papeteries en se basant sur le même principe. Dès 1843, il établit tout un régime de participation très ingénieusement combiné, qui a donné les meilleurs résultats pendant plus d'un demi-siècle, et qui contribue toujours à la prospérité de ces usines, aujourd'hui considérables. L'année suivante, en 1844, ce fut une compagnie d'actionnaires, celle du chemin de fer d'Orléans, qui entra dans cette voie, donnant ainsi un honorable et salutaire exemple, d'autant plus précieux que les entreprises de cette nature se prêtent moins aux conditions essentielles de l'exercice du patronage. La Compagnie, devenue depuis maîtresse d'un vaste réseau desservi par une armée d'employés et d'ouvriers, a dû modifier son organisation première, mais elle a maintenu dans ses règlements nouveaux le principe de la participation. Citons encore le Comptoir de l'industrie linière, à Paris, qui adopta également ce principe en 1846, et la maison de Steinheil et Dieterlen, de Rothau (Alsace), chez laquelle il fut appliqué en 1847.

Ce principe n'avait pas fait de grands progrès dans le public industriel, malgré ces exemples déjà brillants, lorsque la révolution de Février vint à éclater. On sait comment les théories socialistes furent agitées à cette époque, et quelles excitations furent adressées à la classe ouvrière. Ces faits ne rendaient pas la tâche facile aux patrons désireux d'agir par eux-mêmes pour essayer de conjurer les orages qui s'annonçaient. Ils se voyaient l'objet des accusations les plus perfides de la part des meneurs politiciens, et de la méfiance obstinée de leurs ouvriers, qui, à la vérité,

s'étaient vus trop souvent exploités et trompés par
des employeurs sans vergogne. Cependant quelques-
uns d'entre eux surent écarter de tels obstacles et
aller de l'avant. C'est en 1848 que Deberny et
Paul Dupont, tous deux à Paris, et Gaidan, banquier à Nîmes, introduisirent chez eux la participation.

De 1848 à 1870, cette sorte de petite école économique et sociale fit de nouveaux adeptes, mais
ils demeurèrent bien peu nombreux. Plusieurs
compagnies d'assurances, celle du canal de Suez,
quelques fabricants, surent comprendre la portée
du système et se mirent en mesure de l'appliquer.
La grande crise de la guerre surgit alors et mit
tout en péril en paralysant les affaires, en arrêtant
le travail, en infligeant à l'industrie les plus
lourdes pertes. Mais, d'autre part, la secousse
morale qui résulta de ces graves événements fut
plutôt favorable au principe de la participation.
Elle réveilla dans une certaine mesure le sentiment des devoirs réciproques et l'idée de la solidarité des intérêts. Il faut dire aussi que quelques
hommes éclairés et autorisés, ayant compris la
signification sociale de ce moyen d'action et
mesuré sa portée, s'en étaient faits les propagateurs
infatigables. Au premier rang de ces esprits éminents, plaçons M. Ch. Robert, qui depuis plus de
trente ans exerce une action considérable dans ce
sens par ses conférences, ses écrits, ses conseils,

et par la collaboration désintéressée qu'il prête à
tous ceux qui la lui demandent pour fonder, administrer, conseiller les patrons et les associations
de solidarité mutuelle. Un autre homme d'action
et d'intelligence fut M. A. de Courcy, qui appliqua
la participation dans la société d'assurances dont
il était le directeur et la recommanda chaleureu-
sement dans ses livres. A ces deux noms il convient
d'associer celui de M. V. Böhmert, professeur à
Zurich, puis à Dresde, qui entreprit le premier,
à partir de 1872, des enquêtes systématiques sur
les applications de la participation en Europe et
en Amérique.

Les efforts de ces hommes d'initiative ont donné
naissance à un mouvement remarquable en faveur
du principe participationniste, et leur propagande
a été entendue dans tous les pays civilisés. Depuis
1870, un assez grand nombre de chefs d'établissements ont organisé la participation dans des
conditions et sur des bases très variées. Quelques-
unes ont échoué, pour des motifs assez différents ;
beaucoup ont réussi, et cela dans une mesure
plus ou moins complète, selon les circonstances.
En 1878, une association composée presque exclusivement de patrons participationnistes, s'est fondée
à Paris pour appuyer et développer ce mouvement.
La *Société pour l'étude pratique de la participation du personnel dans les bénéfices* a fait de sérieux
efforts pour vulgariser les exemples donnés par

ses membres. Elle a publié dans son bulletin
l'enquête de M. Böhmert, ses propres discussions
et rapports, les statuts élaborés par un certain
nombre de patrons pour appliquer la participation. Aux expositions universelles de 1867 et
1878, on avait vu déjà le jury accorder une attention spéciale, dans ses rapports, aux institutions
de cet ordre ; en 1889, la participation occupa une
place d'honneur dans l'exposition d'économie sociale, et dans les rapports auxquels elle a donné
lieu. Ajoutons, enfin, que de nombreux travaux sur
la participation : livres, brochures, discours, conférences, comptes rendus, statuts, ont été imprimés,
publiés ou distribués surtout depuis trente ans.
Elle a reçu même une publicité particulière par
ce fait que plusieurs membres du Parlement ont
élaboré des propositions de loi tendant à donner
à la participation un caractère de contrat de droit
écrit, pour ainsi parler, ou même à la rendre
obligatoire. Ces propositions sont plutôt fâcheuses,
en ce sens qu'elles sont susceptibles de répandre
dans le public, d'un côté certaines craintes, de
l'autre certaines prétentions, aussi dangereuses
les unes que les autres. Elles prouvent au moins
que l'idée a fait son chemin et qu'elle est appréciée à sa juste valeur par beaucoup de personnes
dans tous les milieux.

Cela ne veut pas dire que la participation ouvrière est comprise, appréciée et pratiquée comme

elle le mérite dans le monde des affaires. Beaucoup de patrons l'ignorent, d'autres la repoussent
et un bon nombre d'ouvriers sont dans le même
cas pour des motifs différents. Parmi les premiers,
certains, ne l'admettent pas parce qu'ils n'en comprennent point la portée économique ; ils la considèrent comme un acte de philanthropie pure, qu'ils
raillent volontiers ; d'autres y voient la cause
d'une grande complication dans la marche de leurs
affaires et un danger pour leur autorité. Quant
aux ouvriers qui ont été amenés à raisonner sur
la question, c'étaient surtout des hommes aux
prises avec des employeurs durs et exigeants, ou
bien encore des esprits abusés par les théories
vagues du socialisme, et par conséquent pleins de
méfiance à l'égard des institutions patronales.
Nous verrons bientôt, par des exemples précis,
que la participation n'est ni une œuvre de charité,
ni un organisme compliqué, ni une cause d'anarchie, ni enfin un moyen d'endormir la classe ouvrière pour la mieux exploiter.

Puisque nous sommes amenés à parler des ad-
versaires de la participation, nous dirons au moins
quelques mots des critiques dont elle a été l'objet
de la part des économistes. Quelques-uns d'entre
eux l'ont attaquée avec le superbe dédain que
professe le théoricien pour les faits qui refusent
de s'encadrer dans ses théorèmes artificiels.
L'économie politique dite orthodoxe a émis sur le

rôle réciproque du capital et du travail des formules qui semblent justes quand on les considère par leur côté abstrait, c'est-à-dire sans tenir
compte de leur portée *humaine* ou *sociale*. Si
l'homme était une simple machine, par exemple,
ces formules s'appliqueraient sans doute avec une
rigueur mathématique ; mais il est un être animé,
intelligent, ayant des besoins moraux et matériels
spéciaux, et l'on ne saurait sans erreur le traiter
comme une simple mécanique.

La participation est précisément un moyen
pratique d'assouplir en quelque sorte les lois économiques, afin de les plier aux besoins sociaux,
de façon à en rendre l'application moins pénible
et plus profitable pour tous. Quelques économistes
l'ont su comprendre ; d'autres restent enfermés
dans l'inflexibilité de leurs théories. A ceux-ci il
suffit de répondre par cette phrase de M. d'Haussonville, à la fois si courtoise dans sa fine ironie
et si nette dans son expression : « Si, les avantages
de tel ou tel système étant démontrés par les faits,
les économistes venaient par malheur à déclarer
que ce système est contraire à leurs principes, ne
serait-ce pas tant pis pour les principes et aussi
un peu pour les économistes ? »

La participation aux bénéfices est née spontanément encore dans une industrie fort ancienne,

celle de la pêche maritime. Depuis des siècles, en effet, on pratique sur nos côtes la *pêche à la part*, combinaison dans laquelle l'entrepreneur ou patron fournit la barque, les engins et la direction du travail, tandis que le matelot apporte la main-d'œuvre. Après chaque opération de pêche, le produit est divisé, en parts plus ou moins nombreuses, selon la convention établie et les coutumes locales. Le patron en retient tant pour la rémunération de son capital, tant pour son propre salaire, tant pour le propriétaire du bateau ou des engins, lorsqu'ils ne lui appartiennent pas, et le surplus est distribué aux matelots, qui reçoivent généralement, en outre, un salaire fixe, peu élevé sans doute, mais qui fournit une base régulière pour les besoins du ménage. Il est évident que, dans ces conditions, la *part* remise au matelot ne représente pas exclusivement un profit. Elle contient d'abord un complément de salaire qui doit être ajouté à la paye fixe, jusqu'à concurrence du taux normal usité dans la région. Le surplus, quand il y en a un, est bien une part de bénéfice qui intéresse directement le marin au succès de l'entreprise et à la conservation du matériel. Ajoutons que, avec cette manière de faire, le matelot est associé non seulement au profit, mais encore à la perte, le cas échéant. Il la ressent en effet sous la forme d'une réduction de son salaire, lequel tombe alors au-dessous du taux nor-

9

mal de la localité. Cet aléa paraît dur quand il est
couru par un ouvrier dont les ressources sont
faibles, la vie pénible et l'avenir incertain. Néanmoins ce système de rémunération a toujours paru
si efficace dans sa simplicité, qu'on le pratique
pour ainsi dire de temps immémorial. Le rôle
d'Oléron, sorte de code de jurisprudence maritime
compilé au début du xiie siècle, le cite comme un
contrat bien connu. et d'emploi courant, fait qui
prouve qu'il s'appliquait déjà longtemps auparavant. Il a d'ailleurs servi de type à d'autres contrats maritimes. La pêche de la baleine, par
exemple, se pratique souvent à la part. Les expé-
ditions de course, si nombreuses dans les guerres
d'autrefois, et non encore rayées totalement du
code des lois de la guerre, étaient essentiellement
basées sur la combinaison d'un salaire fixe et
d'une part à prélever sur les prises faites à l'ennemi. Enfin le prêt à la grosse aventure, lui aussi,
repose sur l'idée de la société de perte ou de gain.
En effet, le capitaliste qui consent à prêter son
argent ou ses produits pour une expédition de
mer s'engage à en subir entièrement la perte en
cas de mauvaise fortune, à la condition de participer au profit en cas de succès ; de plus, une portion de ce même profit, dû à la fructification du
capital prêté entre les mains de l'équipage, reste
souvent à celui-ci sous forme de prime ou de
part.

Comme le commerce, l'industrie et la pêche, l'agriculture a connu et pratiqué la participation de temps immémorial, sous les formes élémentaires de la gratification annuelle et de la subvention patronale accordées aux chefs de culture, domestiques et journaliers. Elle en a surtout fait une large application, avec tous les caractères d'un système économique complet, par le colonage partiaire ou métayage. On en retrouve encore l'idée dans la combinaison du bail à cheptel et autres arrangements analogues, qui ont évidemment pour but d'intéresser directement l'ouvrier à la production, en lui assurant une part équitable du profit.

Le métayage est un contrat rural inspiré par la nature même des choses, dans certaines circonstances déterminées. Il repose essentiellement sur ce fait qu'un propriétaire, disposant d'un fonds qu'il ne veut ou ne peut exploiter lui-même, se trouve en présence d'un ouvrier qui, lui, ne possède guère que ses bras et son savoir technique. Il faut donc lui fournir non seulement le fonds à mettre en valeur, mais encore les animaux, les instruments et choses nécessaires pour organiser et maintenir l'exploitation. A une certaine époque, des théoriciens légistes, économistes ou politiciens, dirigèrent contre le métayage des attaques fort acerbes. On l'accusait de subordonner trop étroitement le colon au propriétaire et de sacrifier les

intérêts du premier à ceux du second. L'attention
publique se trouvant ainsi attirée vers ce type de
contrat, la question fut étudiée de la façon la
plus impartiale et la plus sérieuse par diverses
personnes : économistes, jurisconsultes, propriétaires. Une enquête fut même ouverte à ce sujet
par une grande association, la Société des Agricul-
teurs de France. De son côté, le ministère de
l'Agriculture fit relever dans sa statistique périodique un tableau indiquant le nombre et la situation territoriale des exploitations métayères. De
toutes ces recherches ressort cette conclusion évidente : le métayage joue dans la culture un rôle
de premier ordre, justifié par des circonstances
bien déterminées ; il est encore pratiqué dans un
grand nombre de départements, et rend à la population ouvrière agricole, aussi bien qu'aux propriétaires, de signalés services ; loin de le proscrire, il faut le recommander, non d'une manière
absolue, mais en tenant compte des conditions de
lieu et de personnes qui conviennent pour le
succès de cette combinaison. Nous ne pouvons
étudier ici ces conditions ; contentons-nous de
constater ce fait que le colonage partiaire, qui
comporte une véritable participation aux bénéfices, est encore largement employé dans notre
pays pour assurer la mise en valeur du sol, et
que des populations entières vivent dans une

prospérité relative à l'abri de ce contrat, sans lequel elles tomberaient sans doute dans un état de prolétariat misérable.

Quelques propriétaires ruraux ont essayé d'introduire chez eux, la participation sous sa forme industrielle, c'est-à-dire en la combinant avec le salaire. Mais les exemples de cette catégorie sont encore rares et, par conséquent, peu concluants. La crise intense que traverse notre agriculture n'est pas faite pour favoriser de telles expériences, qui pourraient, du reste, très probablement, donner des résultats excellents, si on les dirigeait avec les précautions nécessaires.

Ainsi, nous constatons qu'en ce siècle finissant, témoin de crises du travail si répétées et si graves, pendant lequel bien des traditions utiles ont disparu devant les conditions nouvelles de la production, le principe de la participation aux bénéfices a été conservé et développé en France comme un puissant instrument de patronage et de paix sociale. Ses applications ne sont pas encore très multipliées, mais les succès obtenus par un certain nombre de patrons, la publicité qui leur a été donnée, les efforts faits pour propager l'idée, ne peuvent manquer de donner des résultats importants dans l'avenir.

La participation aux bénéfices a été pratiquée à l'Étranger comme en France, et de tous temps, sous toutes les formes élémentaires de la part d'intérêt et de la gratification. C'est ainsi que beaucoup de maisons allemandes et suisses distribuent à leurs ouvriers, à l'époque de Noël, ou en d'autres occasions analogues, des cadeaux en espèces ou des livrets de caisse d'épargne, dont le montant est parfois proportionné à la durée ou à la valeur des services. D'autre part, le métayage est connu presque partout et employé dans des conditions fort variables, depuis celles qui sont imposées au *Khammès* du Nord de l'Afrique, réduit pour sa part au cinquième seulement du produit de l'exploitation, jusqu'à celles dont bénéficie le tenancier du Brandebourg, qui paye en corvées agricoles le loyer de son bordage ou petite ferme, dont le produit lui appartient en entier.

En ce qui concerne l'application de la participation sous sa forme la plus caractéristique, celle du partage direct du profit annuel, on en peut citer un exemple antérieur aux premiers essais tentés en France : c'est celui du domaine agricole de Ralahine (Clare, Irlande), qui fut exploité deux années sous ce régime, de 1831 à 1833 (1). En 1847, M. de Thünen, propriétaire à Tellow, Mecklembourg, organisa un système analogue. Nou-

(1) Cette expérience fut promptement arrêtée par le fait du propriétaire qui perdit sa fortune au jeu.

velles tentatives à Assington (Suffolk, Angleterre) en 1850, et à Posegnick (Prusse) en 1854.
Ces expériences rurales n'ont pas été sans succès, bien qu'elles aient pris fin pour des raisons
diverses, mais elles ont trouvé peu d'imitateurs,
soit dans les pays où elles se sont produites, soit
au dehors.

Dans l'industrie, le mouvement participationniste a commencé dans tous les principaux pays,
sans prendre dans aucun une bien grande expansion. Cela s'explique par des raisons diverses.
En Angleterre, les premiers exemples furent
donnés vers 1864, date de la fondation de la participation dans la maison Crossley and Sons, de
Halifax. Depuis lors, plus de cent cinquante établissements sont entrés dans la même voie, pendant que divers savants ou praticiens s'attachaient
à recommander la participation dans d'excellents
écrits (1). Si les patrons anglais, dont l'esprit est

(1) Citons, entre autres, MM. Sedley-Taylord, Vansittart-Neale,
D. Schloss, Th. Bushill, Henry Fawrett, Miss Mary, Hart, etc.

D'après M. Schloss, en 1894, la participation avait été expéri-
mentée dans le Royaume-Uni par 152 entreprises, dont 51 l'avaient
ensuite abandonnée après une pratique plus ou moins longue.
Ces 101 établissements participants comprenaient :

18 imprimeries, 16 maisons pour l'alimentation, 11 pour le travail du métal, 8 exploitations agricoles, 5 usines textiles, 14 industries diverses (vêtement, bâtiment, cuir, tabac, produits chimiques, etc.).

12 cas comptaient plus de dix ans d'existence ; 21, de six à dix
ans ; 60, de deux ans à quatre ans ; 8, moins de deux ans.

Ces maisons occupaient de 27.000 à 29.000 ouvriers.

en général si ouvert, si avisé et si pratique, n'ont pas suivi cette impulsion en plus grand nombre, cela tient à un fait très particulier à l'Angleterre. Dans ce pays où l'industrie s'est développée dans une si formidable proportion, où la concurrence est ardente, les abus imputables à la catégorie des employeurs ont été plus criants que partout ailleurs. Mais, comme aussi la formation de la race y est plus énergique que dans aucun autre pays, les ouvriers se sont organisés fortement pour résister à l'exploitation qui les opprimait. A force de persévérance, ils ont réussi à élever puissance contre puissance, et à traiter avec le capital sur un pied d'égalité. Cette situation tend naturellement à maintenir entre patrons et ouvriers une division à laquelle on est accoutumé. Les premiers se laissent volontiers aller à penser que les seconds, étant émancipés, doivent se tirer d'affaire tout seuls; ceux-ci, devenus très méfiants, fiers de leur force acquise et de leurs succès, ne sont pas d'ailleurs très faciles à ramener vers des combinaisons qu'ils croient susceptibles de les affaiblir en les mettant de nouveau à la merci des patrons. Les associations ouvrières sont pour ce motif très hostiles à la participation. Ainsi, dès deux côtés on préfère s'en tenir à un état de choses qui a donné de grands résultats, mais qui n'en constitue pas moins une sorte de paix armée onéreuse aux deux parties et toujours exposée à' de dangereux hasards. En d'autres termes, il n'y a pas ici une solidarisation des intérêts, mais plutôt une conciliation amiable et précaire maintenue d'une façon plus ou moins régulière et complète par la crainte réciproque de pénibles représailles. Au fond, ce résultat fait honneur à la fermeté, au bon sens, à l'intelligence des ouvriers anglais, mais il ne fait pas l'éloge de la clairvoyance de leurs patrons (1).

En Allemagne, la participation ouvrière industrielle paraît avoir reçu sa première application notable chez M. Borchert, fabricant à Berlin, en 1867. Dans les années suivantes, un certain nombre d'établissements firent de même, si bien qu'en 1876 une enquête officielle signalait 34 maisons prussiennes qui la pratiquaient; plus de 400 autres patrons donnaient des parts de bénéfices à leur personnel supérieur. Depuis lors, la participation s'est vulgarisée dans une petite mesure parmi les industriels, et elle a suscité des publications qui offrent le plus vif intérêt, les unes favorables, les autres hostiles. Mais il paraît peu probable qu'elle puisse actuellement prendre dans ce pays un essor

---

(1) La grève récente des ouvriers mécaniciens anglais, qui a duré si longtemps et causé aux deux parties de si lourdes pertes, est un frappant exemple de la réalité de ce que nous venons d'exposer.

9*

sérieux. Le triomphe du socialisme d'État, en organisant une sorte de patronage administratif sous la
forme des assurances obligatoires, tend à supprimer chez les patrons tout sentiment de responsabilité et d'action personnelle. Quant aux ouvriers,
ils s'accoutument à voir, dans leurs patrons, des
employeurs contre lesquels l'État doit incessam-
ment les défendre et les protéger. On arrive de
la sorte à un résultat très fâcheux. Ici les énergies individuelles sont abâtardies au profit de
la centralisation bureaucratique, au lieu d'être
surexcitées et développées dans le sens de l'initiative privée.

Après la France, la Suisse paraît être le pays
qui, relativement, compte le plus grand nombre
d'applications industrielles de la participation.
Depuis 1867, une vingtaine d'établissements l'ont
mise en pratique, et la plupart d'entre eux la
conservent en se félicitant de ses effets. Ces maisons
sont établies dans presque tous les grands centres
manufacturiers de la Suisse: Genève, Neufchâtel,
Seefeld, Schaffouse, Zurich, etc., etc., et certaines
d'entre elles ont procédé à des expériences très
instructives au point de vue de l'organisation du
système. Elles ont donné aussi de frappants
exemples des résultats que l'on peut obtenir avec

ce puissant moyen d'action. Nous en citons plus
loin quelques-uns.

C'est d'ailleurs en Suisse que les premières recherches scientifiques et les premiers travaux
concernant la participation ont été entrepris et
publiés. M. le professeur Böhmert, qui enseignait
au Polytechnicum de Zurich, avant d'être appelé
au poste de directeur de Bureau de statistique du
royaume de Saxe, commença, vers 1872, une enquête dont les résultats, publiés en 1876, servirent
de point de départ à l'enquête internationale dont
nous avons parlé plus haut. La Société d'utilité
publique suisse, institution excellente, soutenue
par des hommes animés du meilleur esprit de progrès et de solidarité, s'est préoccupée, elle aussi, de
la participation et a publié plusieurs articles à
ce sujet dans son bulletin. Cette propagande est, du
reste, contrariée par l'influence des doctrines socialistes allemandes, qui ont en Suisse de nombreux adeptes. Leur action s'exerce également
dans le sens de l'extension des pouvoirs et des
institutions de l'État, et ils semblent gagner du
terrain, en dépit des efforts contraires de quelques
hommes dévoués aux opinions libérales.

Aux États-Unis, la participation a rencontré de
très chaudes sympathies. D'assez nombreux fabricants en ont fait application et se sont déclarés
très satisfaits des résultats obtenus. Quelques
autres ont abandonné, pour des motifs divers, leurs

essais commencés. On a cité, sans donner de détails, un certain Galattin qui, ayant créé vers 1794 des verreries en Pensylvanie, y établit la participation sur des bases inconnues. En tout cas, son exemple ne fut pas suivi. C'est en 1878 seulement que la Peacedcale Manufacturing C°, reprenant l'idée, inaugura ce système, qui fonctionna bientôt à son entière satisfaction. Le cas, ayant fait du bruit, fut suivi par diverses maisons situées principalement dans les États de l'Est et du Centre. En 1889, on en comptait trente-sept en pleine activité; 9 cessèrent, entre 1889 et 1892, d'appliquer la participation pour des motifs variés : insuccès, changement de propriétaires, série d'années sans profits, etc. Mais, durant ce même espace de trois ans, 30 établissements nouveaux l'adoptèrent. Une statistique dressée en 1892 porte même à 65 maisons, occupant plus de 12.000 ouvriers, le nombre de celles qui l'appliquent avec succès.

La participation a trouvé d'ailleurs un propagateur infatigable dans la personne de M. Paine Gilman, qui a fondé un organe spécial pour la faire connaître, pour susciter et encourager les expériences. Il a été aussi, avec MM. Carroll Wright, O. Nelson, A. Wolker et quelques autres hommes de bien, le créateur de l'*Association for the Promotion of Profit Sharing*, qui s'est assigné le même but que la société française dont nous avons parlé plus haut, et qui le poursuit par des moyens à peu près semblables.

Dans ce pays les ouvriers sont en général fortement organisés pour le maintien d'une sorte d'équilibre entre la situation réciproque des patrons et des travailleurs. Cela rend plus difficile l'organisation du système participationniste, nous l'avons déjà remarqué, sans toutefois l'empêcher d'une manière absolue. Au contraire même, dans ce pays où la main-d'œuvre est si rare et si chère, où il est important de l'employer dans les conditions les plus propres à lui faire donner son effet maximum, sans trop charger un prix de revient déjà si élevé, la participation peut fournir un excellent moyen d'action.

Des essais de participation industrielle ou agricole ont été tentés encore dans quelques autres pays : en Hollande (1), en Danemark, en Italie, en Belgique, en Portugal (2), en Suède, en Norvège, en Autriche-Hongrie, en Russie et au Brésil (dans la culture du café). Ils sont restés peu nombreux, mais la plupart ont donné des résultats très frappants. Nous aurons plus tard l'occasion de citer certains exemples tirés de la pratique de ces patrons éminents, dont l'initiative mérite d'être mise

(1) Nous devons signaler en passant la propagande active organisée dans ce pays par MM. Van Marken, industriel, et Huet, professeur à l'Ecole polytechnique de Delft.

(2) Régie royale des tabacs, organisée en 1888.

·en lumière. Les cas parvenus à notre connaissance
sont presque tous postérieurs à l'année 1870 ;
beaucoup ne datent que d'une dizaine d'années ou
même moins (1).

Ainsi, la participation aux bénéfices est une institution très ancienne dans l'organisation du travail ; elle s'est constituée tout naturellement, sous
des formes simples et avec des applications res-

(1) Deux statistiques dressées en 1890 et 1894 par le *Bulletin de la participation aux bénéfices*, et par M. Lourties, sénateur, indi-
quaient les chiffres suivants :

	1890	1894
Allemagne	21 cás	24 cas
Angleterre	49 —	86 —
Autriche-Hongrie	2 —	3 —
Belgique	1 —	5 —
Espagne	1 —	2 —
Etats Scandinaves	4 —	4 —
France	81 —	121 —
Etats-Unis	39 —	37 —
Italie	4 —	8 —
Pays-Bas	4 —	6 —
Portugal	1 —	1 —
Russie	1 —	2 —
Suisse	14 —	17 —
Total	222 cas	316 cas

Il va sans dire que ces chiffres sont purement approximatifs.
Beaucoup de maisons pratiquent, sans le dire, une participation
plus ou moins développée et précise. En Italie, on estime que
150 banques populaires, toutes établies sur le même modèle,
pratiquent ce système au profit de leurs employés, et qu'en
France 127 sociétés coopératives étaient dans le même cas ;
elles ne sont pas comprises dans le chiffre indiqué.

treintes, dans un grand nombre d'entreprises et en tous pays. Ce n'est donc à aucun degré une conception théorique artificielle. Elle donne une base excellente pour l'établissement des divers services du patronage, services dont l'existence est essentielle pour asseoir normalement la production et maintenir la paix sociale. Mais, pour que cette base soit suffisamment large, il faut que la participation, réservée, dans la plupart des cas, au personnel dirigeant, soit accordée aussi au personnel ouvrier. Elle prend par là un caractère plus précis, plus complet, et produit des résultats bien plus significatifs au point de vue social.

Si la participation aboutit à coup sûr à une amélioration notable des rapports entre patrons et ouvriers, elle peut aller plus loin encore lorsque les circonstances s'y prêtent. En effet, nous observons que des établissements, pratiquant la participation depuis longtemps et dans des conditions très larges, montrent une tendance pour ainsi dire naturelle à évoluer vers la coopération. On en pourrait citer toute une série parmi les plus importants : telles sont, par exemple, les maisons Leclaire (Redouly et Cⁱᵉ), de Paris ; Laroche-Joubert, d'Angoulême ; Godin (Dequenne et Cⁱᵉ), de Guise ; du Bon-Marché, de Paris ; Thomson et fils, de Huddversfield ; et d'autres encore. La collaboration du capital et de la main-d'œuvre devient ainsi une association complète, dans laquelle la participation n'est plus qu'un mode de répartition des bénéfices entre les associés. Cela nous indique, remarquons-le en passant, que la société coopérative ne peut être considérée en elle-même comme pratiquant la participation aux bénéfices. Nous verrons bientôt quelle distinction essentielle il est nécessaire de maintenir entre ces deux combinaisons économico-sociales. En revanche, la société coopérative, lorsqu'elle emploie à titre de salariés des ouvriers non associés, peut fort bien pratiquer vis-à-vis d'eux la participation, cela va de soi.

On a posé la question de savoir s'il est désirable que la coopération, préparée par la participation, se substitue, dans une très large mesure, ou même tout à fait, au patronat individuel. Nous n'hésitons guère à répondre qu'une pareille évolution n'est pas possible, et d'ailleurs il paraît certain qu'elle serait plutôt nuisible en remplaçant le merveilleux élan de l'initiative individuelle par la marche lourde et lente d'une sorte de communisme atténué. Elle n'est pas possible parce que, pour la réaliser, il est nécessaire qu'un patron de choix, ayant réussi à grouper autour de lui un personnel d'élite, soit poussé par des motifs personnels à organiser ce régime pour continuer l'affaire après lui. Encore faut-il, pour que la combinaison réussisse, qu'elle soit assise sur la base très forte d'une position nette et florissante,

soutenue par des traditions anciennes et conduite
par des hommes rompus aux affaires et revêtus
d'une grande autorité morale et matérielle. Ces
conditions sont bien difficiles à remplir, et, en ad-
mettant même que certaines d'entre elles se rencontrent souvent à l'état isolé, leur réunion est en
définitive un fait accidentel. En d'autres termes,
la coopération est un système compliqué, et le patronat a sur elle l'avantage d'une parfaite simplicité. Voilà pourquoi il ne serait ni bon ni pratique
de vouloir détruire systématiquement l'un au profit de l'autre. Qu'on réalise la coopération partout
où la chose est possible, rien de mieux. Mais chercher à supprimer toute entreprise individuelle, ce
serait aller contre l'intérêt général et contre le véritable progrès. Améliorons le patronat, si nous le
pouvons, mais ne le condamnons pas au nom de la
théorie, ce serait une sottise, d'ailleurs inutile, car
on peut croire qu'il aura la vie dure, en sa qualité
d'effet logique d'une cause naturelle très générale
et très forte.

La participation générale du personnel aux bénéfices de l'entreprise n'est ni prévue ni réglementée
par la loi d'une manière directe et précise. Ce fait
s'explique suffisamment par les motifs qui forment
la conclusion du chapitre précédent; ils s'oppose-
ront toujours à la réglementation étroite d'une
institution qui doit rester parfaitement libre et
souple. Du reste, on a tenté à diverses reprises de
formuler législativement le principe du contrat de
participation, afin de lui donner à la fois une existence juridique certaine et une sanction (1). Ces projets n'ont pas abouti, et cela est heureux, parce
qu'en même temps on prétendait formuler des
règles dont le caractère absolu pouvait entraîner
les conséquences les plus graves. Ils auraient eu
surtout pour résultat d'effrayer les patrons, de
leur faire concevoir de justes craintes pour leur

(1) Projet déposé par le Ministre de l'Intérieur et voté par la
Chambre en juin 1889 ; proposition J. Godin, 1891, etc.

autorité, de les mettre en présence d'engagements
écrits et de responsabilités légales qui seraient
pour eux une menace perpétuelle d'embarras. Il
est donc infiniment probable qu'une telle législation aurait pour effet direct de paralyser le bon
vouloir de patrons, de faire échouer les institutions déjà fondées et d'empêcher toute extension
ultérieure du procédé.

S'il est permis de prévoir, pour les propositions de
cet ordre, de telles conséquences, que faut-il penser
de celles qui vont jusqu'à imposer la participation
aux patrons, tantôt d'une manière générale, tantôt
dans des cas particuliers? Si jamais un parlement
poussait à ce point la fureur de la réglementation et
l'abus du despotisme, il aboutirait aux résultats
les plus compromettants pour la sécurité et la
prospérité des classes industrielles, des ouvriers
aussi bien que des patrons. N'est-il pas évident, en
effet, qu'une telle mesure n'aurait pas d'autre but
que de procurer une augmentation variable et
forcée des salaires ; celle-ci donnerait lieu, le plus
souvent, à des difficultés plus graves encore que
celles qui divisent actuellement patrons et ouvriers,
au sujet du salaire proprement dit. On ne tirerait
donc de cette combinaison aucun profit au point
de vue de la paix sociale. Du reste, la participation
obligée n'aurait à aucun degré, sur l'esprit de
l'ouvrier, sur sa conduite et son travail, les bons
effets que peut produire le libre contrat, ou même

la simple promesse, faite sous condition d'une collaboration active, assidue, économe. Enfin l'obligation entraîne tout naturellement le contrôle public, la violation constante du secret des affaires, l'immixtion administrative dans leur direction, en un mot l'anarchie. Une industrie placée sous le coup de cette sorte de communisme bâtard ne tarderait pas à périr sous les efforts de la concurrence libre. Ces dangers sont si évidents, si certains, que tous les praticiens et tous les hommes qui prévoient les funestes effets du socialisme communiste repoussent avec la dernière énergie une solution si contraire aux lois naturelles du progrès. Au Congrès de la participation de 1889, elle a été repoussée unanimement, et il serait impossible de la faire prévaloir à l'heure actuelle dans aucun pays.

Mais, si personne n'a osé jusqu'ici inscrire une pareille proposition dans un texte législatif, on a du moins formulé à diverses reprises des propositions partielles qui ne sont pas sans inconvénients. Dès 1879, le fondateur des fameuses papeteries d'Angoulême, M. Laroche-Joubert, demandait que la participation fût imposée par le cahier des charges aux adjudicataires de travaux publics. En 1882, MM. Ballu, J. Roche et autres reprenaient l'idée en l'appliquant plus spécialement aux concessionnaires de mines ; ils avaient surtout en vue, cela va de soi, les mines de houille. M. Laur obéit à la même préoccupation en rédigeant sa proposition de loi sur les mines de 1886. En 1891 et 1892, nous voyons apparaître deux autres propositions de même nature. D'abord, celle de M. Guillemet, député, et de quatre-vingt-dix de ses collègues, disposant que toute concession faite pour plus de cinq ans par l'État, les départements ou les communes, devrait porter obligation pour le concessionnaire de pratiquer la participation aux bénéfices, suivant certaines règles à établir dans les cahiers des charges (1).

En 1895, M. Guillemet a repris son idée sous la forme d'une nouvelle proposition relative à la participation aux bénéfices dans les usines, manufactures et entreprises de l'État (2).

De son côté, le Conseil municipal de Paris a eu à discuter diverses motions relatives au même objet, notamment celle de M. Mesureur, déposée en 1881, qui réclamait l'application du participationnisme obligatoire dans les cahiers des charges des adjudications de la Ville. La proposition fut mise à l'étude et introduite plus tard dans divers contrats qui, du reste, sont restés jusqu'à ce jour inappliqués, au moins à notre connaissance (3).

(1) Voir aussi vœu du Conseil général de l'Aude, 9 août 1891:
(2) Nous ne jugeons pas utile de nous arrêter à la proposition de Naquet, qui voulait imposer la participation aux sociétés par actions. Elle était du reste basée sur une erreur grossière.
(3) Notamment dans le contrat Berlier (tramway tubulaire Boulogne-Vincennes), passé en 1892, et qui comportait un partage de bénéfices entre l'entrepreneur, le personnel et... la Ville.

Les auteurs de ces projets se sont proposé deux
buts en les formulant : 1° procurer aux ouvriers
de l'État ou de ses concessionnaires un surcroît de
recettes ; 2° donner aux patrons libres un grand
exemple. Comment ce double but serait-il atteint,
si quelqu'une de ces combinaisons recevait enfin la
sanction législative qui leur a manqué jusqu'à ce
jour ?

D'abord, dans les manufactures où l'État fabrique des produits monopolisés, comme les allu-
mettes où le tabac, il serait aisé d'attribuer aux
ouvriers une part du produit net. Il est vrai qu'en
agissant ainsi on leur distribuerait non pas des
bénéfices, mais bien une fraction de l'impôt recou-
vré au moyen du monopole, fait absolument contraire au principe de la loi fiscale et à l'équité.
Ensuite, pour ce qui concerne les ateliers organisés en vue de la défense nationale, on n'y réalise
jamais de bénéfices, car leurs produits coûtent
toujours plus cher que ceux de l'industrie privée.
Pour y faire de la participation, il faudrait donc
prélever encore sur l'impôt des gratifications arbitraires, qui seraient une augmentation de salaire
et rien de plus. La seule chose à tenter pour les ouvriers de ces catégories, c'est de les assimiler aux
autres employés de l'État en les faisant jouir des
divers avantages réservés aux fonctionnaires pu-

Celle-ci trouve, en général, que la meilleure participation est
celle qui emplit d'abord la caisse municipale.

blics : congés, soins médicaux, retraites, etc. On pourrait encore allouer au personnel ouvrier des primes d'économie, comme cela se pratique dans beaucoup d'entreprises fondées en vertu d'une concession publique. Mais on ne saurait aller au delà sans dépasser la juste mesure.

Quant aux concessionnaires et adjudicataires de l'État, des départements et des communes, leur imposer la participation malgré eux, c'est les amener à coup sûr à surélever leurs soumissions, si bien qu'en dernière analyse ce sont les finances publiques qui supporteront toute la charge, sauf en des cas exceptionnels. Cela est d'autant plus certain que la participation est souvent fort difficile à organiser dans les entreprises de travaux publics, à cause de l'instabilité des ouvriers, de la variété ou de la faible durée des travaux, enfin de l'insuffisance de certains patrons, dont la comptabilité est rudimentaire. La seule menace de l'obligation suffirait pour écarter bien des concurrents, et ceux qui persisteraient seraient facilement les maîtres de la situation. Là encore, nous sommes amenés à reconnaître qu'en pareille matière l'obligation légale, avec son inflexible rigidité et l'inquisition administrative qu'elle entraîne, ne saurait convenir à la nature des choses ni donner tous les résultats qu'on s'en promet (1).

(1) M. J.-B. Gauthier a publié sur cette question un travail très-étudié dans le *Bulletin de la Participation*, année 1886, p. 681.

On a longuement discuté sur la nature de la participation. Les uns ont soutenu qu'elle constitue une simple libéralité, d'autres la qualifient de contrat. Nous ne croyons pas que cette question puisse être ainsi résolue par une formule générale. En effet, deux cas peuvent se présenter. Dans le premier, un patron annonce, après l'inventaire, qu'il abandonne à ses employés et ouvriers une somme quelconque, à titre de gratification; il va même jusqu'à dire que, dans la suite, il agira ainsi chaque année s'il continue à être satisfait du zèle de chacun. Ce don est pris sur le profit de l'exercice écoulé; il représente bien une participation aux bénéfices, pourtant on ne saurait dire que le patron a pris un engagement. La condition potestative *si voluere*, comme disent les légistes, enlève à cet arrangement tout caractère contractuel, même tacite. Il s'agit ici, légalement, d'une pure libéralité que le patron continue ou suspend à son gré, quelles que soient les circonstances, fussent-elles favorables ou non. Le fait d'élaborer un règlement, d'imposer aux participants certaines conditions à remplir, complique déjà la situation dans une certaine mesure. Pourtant, il n'est guère possible de voir là un contrat parfait, surtout en l'absence d'une adhésion formelle du côté des participants. Il est évident aussi que le défaut de fixation du quantum formerait ici une lacune grave, permettant au

patron de limiter à une faible somme la part de
ses co-contractants. Peut-être cependant ne serait-
il pas impossible, en cas de difficulté, de la cal-
culer sur une base équitable. L'arbitre aurait alors
à tenir compte des efforts accomplis par le personnel pour observer les conditions patronales et
pour mériter l'allocation promise. C'est là un état
d'équité qui peut fort bien s'apprécier, au moins
dans les pays où le juge n'est pas trop étroitement
lié par la lettre du code.

Dans beaucoup de cas, les relations entre les
patrons et les ouvriers prennent, à ce point de vue,
un caractère très net. Le maître s'engage à payer
une somme déterminée quant à sa proportion, à
une époque et sous une forme précises, à tous
ceux de ses subordonnés qui rempliront telles conditions qu'il énumère; chaque participant déclare
par sa signature qu'il connaît et accepte les clauses
de cet arrangement. N'est-ce pas là un contrat
parfaitement défini, encore bien qu'il ne soit pas
conçu strictement dans les formes traditionnelles
ou solennelles admises ou prescrites par la loi ?

Cette manière de voir nous paraît logique, naturelle et juste. Elle est logique en ce sens qu'on
ne saurait concevoir *a priori* un patron qui promet à la légère et retire des promesses selon son
caprice; le cas peut se présenter, évidemment,
mais d'une manière exceptionnelle. Elle est naturelle parce que toute promesse faite par un homme

10

considéré comme légalement capable et raisonnable l'engage vis-à-vis de ceux qui ont reçu sa promesse. Elle est juste parce que les efforts faits sur la foi de cette même promesse méritent récompense. En écartant l'idée de contrat, on méconnaît le droit et l'intérêt de l'ouvrier au profit de l'employeur de mauvaise foi, chose inadmissible.

Il a été dit à ce propos que le contrat est inexistant dans cette circonstance, parce que le patron est seul à promettre, ce qui constitue un acte purement unilatéral. D'abord, les choses ne vont pas toujours ainsi : souvent l'ouvrier s'engage forméllement, et sous sa signature, à observer un règlement qui lui impose certaines obligations. Il résulte bien de là un arrangement bilatéral. Du reste, quand même l'engagement de l'ouvrier demeurerait tacite, ou n'existerait en aucune manière, cela n'exclurait pas encore l'idée de contrat, car on admet parfaitement en droit des actes de cette nature établis sous la forme unilatérale. Est-il vrai aussi, comme l'a écrit M. d'Haussonville, que ce contrat soit toujours potestatif du côté du patron, parce que celui-ci peut fixer à sa guise le chiffre du profit, et léonin en ce qui concerne l'ouvrier, qui est exempté du risque de perte? Pour dissimuler ses bénéfices, un entrepreneur doit falsifier ses écritures et organiser toute une combinaison indigne d'un honnête homme; c'est là un procédé exceptionnel, que l'on

ne saurait admettre à titre de motif général pour
apprécier le régime légal de la participation.
Quant à l'ouvrier, il ne doit pas participer aux
pertes, parce que son salaire est le prix pur et
simple de son travail, lequel n'est à aucun degré
un capital ou un article soumis à la spéculation.
C'est pour cela que, de même qu'il ne peut prétendre, de droit, à la chance du profit, on ne saurait l'astreindre à courir le risque de la perte. Cette
raison intervient encore pour condamner certaines
propositions tendant à remplacer le salaire par la
participation. Une telle idée repose sur une conception très fausse de la situation de l'ouvrier.
Celui-ci est, dans l'organisation du travail, un collaborateur et non pas un associé. L'association
suppose des moyens que l'ouvrier ne possède pas,
et des engagements qui, dans la plupart des cas,
ne pourraient être tenus régulièrement par aucune
des deux parties en présence. Il résulterait de
cette combinaison, pour l'employeur, des charges
obligatoires qui le paralyseraient, pour l'employé
une sujétion contraire à ses propres intérêts. Au
fond, il n'y a pas de raison pour supprimer le
salaire, système de rémunération très souple, très
commode, très digne pour celui qui le reçoit en
échange de son temps et de ses efforts. La participation s'y adapte très bien et en forme le très
heureux complément. Loin de faire baisser les
salaires, comme on a essayé de le faire croire, elle

les soutient plutôt en excitant le zèle des ouvriers, en améliorant les rapports entre eux et leurs patrons, et en perfectionnant la production. Il est prouvé, en effet, que les établissements qui appliquent la participation payent en général des salaires égaux ou même supérieurs à ceux que donnent leurs concurrents.

En résumé, si la participation ne peut être réclamée comme un droit par l'ouvrier, elle est de la part du patron un acte de bonne économie industrielle et sociale. De sa mise en pratique peut résulter un contrat qui engage, d'une part, le maître de métier à répartir entre les membres de son personnel une portion de ses bénéfices annuels; de l'autre, il oblige le personnel à fournir autant que possible un travail meilleur, plus actif, plus économique, à se montrer plus régulier, plus consciencieux, plus fidèle à l'atelier. Si le patron manque à sa promesse, les ouvriers doivent pouvoir le contraindre à la remplir, et les tribunaux ne sauraient, sans déni de justice, refuser d'écouter leur juste plainte. En revanche, quand le personnel n'apporte de son côté aucune bonne volonté pour perfectionner son travail, en d'autres termes quand il se refuse à agir de manière à servir au mieux les intérêts communs, personne ne saurait contester au patron le droit absolu de suspendre les effets d'un contrat qu'il est seul à observer, à la condition unique d'annoncer à l'avance ses intentions.

IV

Quels sont les effets pratiques produits par la participation ouvrière dans les maisons où elle fonctionne actuellement ? C'est là une question essentielle, que nous ne pouvions manquer de nous poser à un double point de vue : celui de l'ouvrier et celui du patron. Tous deux sont également importants, car il va sans dire qu'une telle institution n'aurait nulle raison d'être légitime, ni aucune chance de succès, si elle était susceptible de nuire à l'une ou à l'autre de ces deux parties intéressées. Elle doit, au contraire, leur devenir réciproquement utile et profitable.

En ce qui concerne les ouvriers, les monographies reproduites dans le chapitre précédent nous paraissent suffisamment démonstratives et probantes. Il est évident que tous les ouvriers admis à participer aux bénéfices des maisons Chaix, Goffinon, Deberny, Leclaire, ont tiré de cette combinaison des avantages importants. Nous ne pensons pas qu'on puisse contester le fait, et il serait facile

10*

de multiplier les exemples de cette sorte. On pourrait aussi, d'ailleurs, citer quelques cas où la
participation n'a pas suffi pour satisfaire les
ouvriers, et où elle n'a pas empêché certains troubles
de se produire. Mais nous ne croyons pas nous
tromper en disant que, toujours, ces échecs ont été
le résultat naturel d'une organisation trop hâtive,
mal étudiée, ou d'un découragement trop prompt.
Nous insisterons tout à l'heure sur la nécessité
de préparer avec soin l'établissement d'un système
de participation, et nous spécifierons en détail les
points de l'enquête préalable que le patron doit
instituer.

Au point de vue du patron, la participation a
produit des résultats sous deux rapports différents,
l'un économique, l'autre social. Elle peut :

1° Améliorer la production en quantité et en
qualité par des économies réalisées sur le temps,
la matière première, les fournitures et l'outillage,
par la réduction des malfaçons, par la marche plus
régulière et plus active des services.

2° Améliorer les rapports entre patrons et
ouvriers en les rapprochant les uns des autres,
en les amenant à se mieux connaître réciproquement, en solidarisant leurs intérêts, en donnant
au personnel de la stabilité, en lui inspirant des

sentiments d'affection pour l'établissement et pour ses chefs.

Ce double résultat a-t-il vraiment été atteint dans la pratique ? On a publié déjà, sur ce sujet, bien des communications, bien des discours, dont nous aurions pu répéter ou résumer les termes ; nous reproduisons d'ailleurs quelques passages de ces publications à cause de leur signification particulièrement nette. Mais nous avons tenu surtout à présenter ici des opinions à la fois précises et récentes, exprimées par des hommes d'une expérience et d'une autorité incontestables. Nous les transcrivons telles quelles, comme des témoignages fondés sur la réalité des faits, dont la valeur documentaire est considérable.

Nous avons recueilli la déclaration suivante de la bouche même de M. Goffinon, anciennement chef d'une importante maison de couverture et plomberie à Paris (1) : « J'ai pratiqué la participation pendant vingt-deux ans, et durant cette période j'ai distribué à mes ouvriers environ 500:000 francs. Or je puis affirmer que, non seulement la participation ne m'a rien coûté, mais encore qu'elle m'a rapporté en économie sur le temps, le matériel et les matières premières. De la

(1) Participation établie en 1872.

sorte, tout le monde, patron et ouvriers, a tiré
chez moi bon parti du système. »

M. Georg Adler, fabricant de carton à Buchholz
(Saxe), qui a établi chez lui la participation en
1869, disait en 1877 : « Je suis heureux de constater par l'expérience acquise que mon organisation a exercé une influence favorable sur le caractère aussi bien que sur les opinions de mes
ouvriers. Le personnel a une plus haute idée de
sa situation ; il travaille avec goût et plaisir, et
témoigne beaucoup d'attachement à la maison. »
Dans une lettre datée du 14 octobre 1896, que
M. Adler nous a fait l'honneur de nous écrire,
nous relevons le passage suivant : « L'amélioration de la production ne dépend pas nécessairement
de la participation, mais celle-ci agit naturellement et activement pour augmenter l'attachement
de l'ouvrier à l'établissement. Les tendances démo-
crates-socialistes ne rencontrent heureusement
aucun écho parmi mes ouvriers. »

Nous avons reçu de M. Ch. Tuleu, successeur du
vénéré Deberny, fondeur en caractères, à Paris (1),
une lettre ainsi conçue :

« J'ai bien reçu votre lettre me demandant
d'exprimer mon avis sur les effets de la participa-

_____

(1) Participation établie en 1848.

tion aux bénéfices, aux deux points de vue suivants :

« *a*) Amélioration de la production par meilleur emploi du temps, économie, réduction des malfaçons, etc. ;

« *b*) Amélioration de l'ouvrier sous le rapport de la conscience, de la régularité, de l'attachement à la maison, de l'esprit de prévoyance.

« Ma conviction profonde est que ces résultats sont atteints par la participation, et je souscris avec empressement à cette double déclaration. »

D'autre part, M. A. Piat, fondeur-constructeur, à Paris et à Soissons (1), a bien voulu nous écrire en ces termes :

« Nous pouvons constater une attention plus soutenue chez l'ouvrier pour l'exécution d'un bon travail, pas encore autant que nous le voudrions, cependant. Mais aussi peut-on se montrer très exigeant pour une augmentation de salaire de 3 à 4 0/0 tout au plus ? Nous ne le pensons pas. Il faut donc se contenter de pouvoir, grâce à cette institution, choisir plus facilement les collaborateurs, ce qui est déjà beaucoup.

« De plus, n'est-ce rien que d'avoir la satisfaction de penser que l'on élève son personnel en

(1) Participation établie en 1881.

l'associant aux affaires, en lui faisant comprendre, comme je m'efforce de le faire à nos réunions annuelles, que ses intérêts sont, en somme, solidaires de ceux de la maison, en le rendant, par ce fait, attaché à l'usine, qui lui offre des garanties telles qu'il les trouverait difficilement ailleurs. Et, de fait, nos ouvriers nous sont si fortement attachés qu'un renvoi est chez nous chose fort difficile. Il suffit presque toujours, pour rappeler à l'ordre un homme dérangé, de l'aviser par lettre qu'une nouvelle faute commise dans l'année entraînerait la déchéance de sa part de bénéfice, et peut-être son renvoi.

« Obtenir que l'ouvrier ne considère pas son patron comme un ennemi-né, cela me paraît être déjà un résultat énorme pour le bien du travail et pour l'agrément des relations. Ce résultat, nous pouvons dire qu'il est depuis longtemps atteint dans notre maison. »

Nous devons à la complaisance de MM. Muller et Roger, fonderie de bronze et de cuivre à Paris (1), les observations suivantes, qui corroborent celles de M. Piat, bien que l'expérience des premiers soit de date assez récente :

(1) Participation établie en 1892.

« Au point de vue de l'amélioration de la production par économie de temps et de matière, nous ne pouvons apprécier si la participation a donné des résultats dans ce sens. Nous croyons cependant que, dans l'avenir, lorsqu'elle aura donné tout son effet et sera plus appréciée par le personnel, on obtiendra un meilleur emploi du temps et peut-être une légère économie dans la production.

« Au contraire, nous constatons que la participation a beaucoup contribué à l'amélioration des rapports entre patrons et ouvriers ; elle sera, à notre avis, de nature à amener une détente favorable entre le capital et le travail. Elle assure la régularité dans le travail et la stabilité dans le personnel. Elle incite également l'ouvrier à la prévoyance, et, au point de vue moral, nous constatons d'heureux effets, surtout dans les rapports entre patrons et ouvriers.

« Jusqu'à présent, nous nous félicitons des œuvres de prévoyance que nous avons créées dans notre usine en faveur de nos ouvriers. Elles relèvent la dignité du travailleur en même temps qu'elles.améliorent sa situation matérielle. »

A la suite d'un grave conflit survenu entre elle et ses ouvriers, la *South Metropolitan Gas Com-*

pany, de Londres, a organisé en 1889 la participation aux bénéfices. M. Georges Livesey, directeur,
a bien voulu répondre en ces termes à une demande d'informations :

« Sur votre première question (amélioration du
travail), je répondrai d'une manière plutôt générale, parce que l'industrie du gaz n'est guère com-
parable aux autres, dans lesquelles la plupart des
ouvriers sont des hommes de métier. Je puis dire
que nos hommes travaillent dans l'ensemble avec
un esprit de bonne volonté dont résulte une économie dans la main-d'œuvre. La preuve en est
que, tout en payant des salaires aussi élevés,
peut-être même plus forts, si on tient compte des
jours de congé soldés, que ceux accordés par les
autres compagnies de gaz de Londres non participationnistes, nous arrivons à payer la tonne de
houille travaillée ou consommée de 5 à 10 0/0
moins cher. En outre, en cas de presse, lorsqu'une
succession de journées de brouillard vient augmenter énormément la demande de gaz, nos
hommes font très volontiers du travail supplémentaire. Depuis que la participation a été établie, ils font leur besogne, dans ces occasions, certainement mieux qu'auparavant.

« En ce qui touche l'amélioration personnelle
de l'ouvrier, je puis répondre qu'elle a été réalisée pour un grand nombre d'entre eux. Ils s'in-

téressent directement à la Compagnie et cherchent
à augmenter sa prospérité de diverses manières,
notamment en économisant les matières, en aver-
tissant lorsqu'il se produit des coulages, et en se
montrant attentifs à éviter des pertes ou à empêcher des malversations. Il va de soi qu'il se produit des exceptions ; mais une masse d'hommes
ne saurait être transformée en entier du jour au
lendemain. Je suis persuadé que nous progressons
dans la bonne direction. Nos relations avec nos ouvriers sont dans un état meilleur que tout ce que
j'avais pu voir jusqu'à présent. Or je suis dans les
affaires depuis près de cinquante ans. Je suis
on ne peut plus satisfait de voir combien le personnel s'intéresse à la prospérité de la Compagnie, par l'effet de la participation. Celle-ci a en outre
développé l'esprit d'économie d'une manière remarquable. Environ 2.500 de nos ouvriers ont
épargné et déposé entre nos mains, en sept ans,
plus de 60.000 livres sterling (1.500.000 francs),
dont une partie (25.000 livres sterling) en compte
courant à 4 0/0, le surplus (35.000 livres sterling)
en actions de la Compagnie. La participation a
donné ce résultat important que nos ouvriers réguliers deviennent promptement actionnaires.
J'espère qu'ils le seront tous avant deux ans d'ici.

« Nous avons pris des dispositions pour que des
représentants du personnel soient admis dans le
conseil de direction ; elles entreront en vigueur

11

dès que les actions possédées par nos ouvriers représenteront un capital de 50.000 livres sterling (1.250.000 francs). »

On voit que cette puissante Compagnie, qui a eu tant à souffrir des conflits entre le capital et le travail, est entrée avec une prudente hardiesse dans la voie de la participation. Elle paraît en obtenir d'excellents résultats.

MM. de Naeyer et Cie, papeteries, pâtes à papier, chaudières, etc., à Willebroeck, près Bruxelles, pratiquent la participation ouvrière depuis 1891 dans leurs vastes établissements, déjà pourvus depuis longtemps de toute une série d'institutions patronales très efficaces. Ils nous ont écrit à ce sujet :

« Nous avons l'avantage de vous remettre sous ce pli un extrait du rapport qui mentionne l'institution de la participation aux bénéfices en faveur de nos ouvriers. Leur part s'est élevée respectivement pour les années :

>   1891-92,   à fr. 26.225,95
>   1892-93,   —   26.645,54
>   1893-94,   —   28.634,73
>   1894-95,   —   30.553,43

« Nous avons tout lieu d'être satisfaits de l'initiative que nous avons prise. »

MM. Scott et Holston, ateliers de sciage, menuiserie, etc., à Duluth, Minnesota (États-Unis d'Amérique), ont organisé chez eux la participation en 1888. Ils nous ont adressé à ce sujet la très intéressante lettre dont voici la traduction littérale (20 octobre 1896) :

« Nous allons répondre directement à vos questions, et nous ajouterons quelques remarques générales sur la participation, pensant qu'elles auront de l'intérêt pour vous.

1° En ce qui concerne le perfectionnement de la production par meilleur emploi du temps, économie, réduction des malfaçons, nous pensons que la participation n'exerce qu'une action très limitée ; nous avons éprouvé, à ce sujet, quelque désappointement en constatant qu'elle n'a eu d'effet que sur 5 0/0 de nos ouvriers à peu près, et plus spécialement sur ceux qui sont intelligents, ou qui occupent des situations exceptionnelles, comme les contremaîtres dans les ateliers ou dans les bureaux, et qui ont été amenés à coopérer à la gestion de l'affaire, à en comprendre les difficultés.

« Pour ce qui touche le perfectionnement de l'ouvrier quant à la conscience et à la régularité dans le travail, à son attachement à la maison, à son esprit de prévoyance, nous devons dire que, à part la catégorie d'hommes dont il est question plus haut, l'effet de la participation a été jusqu'ici peu sensible.

« Dans un sens général, nous pensons que la participation exerce plutôt une influence fâcheuse sur les ouvriers ordinaires. Quand ils reçoivent à la fin d'une année prospère une part de profit, cela les incite à penser qu'ils ont été insuffisamment salariés, que le patron leur a retenu quelque chose à chaque jour de paye. Ils prennent, en outre, une idée exagérée de leur importance comme facteur de la production du bénéfice. C'est que bien peu d'ouvriers peuvent se faire une idée exacte des difficultés de l'industrie manufacturière. Beaucoup d'entre eux pensent que la plus grande partie des recettes provenant de la vente des produits sortis de leurs mains constituent le bénéfice. Dans cette situation d'esprit ils sont travaillés par les politiciens démagogues et les chefs des syndicats, qui ne manquent jamais de dénoncer le patron et d'exalter l'importance de la main-d'œuvre ; de la sorte, l'ouvrier en arrive trop souvent à cette conclusion, que le patron est son pire ennemi, bien que dans la plupart des cas ce soit son meilleur ami. Nous pourrions citer beaucoup d'exemples pris dans la campagne présidentielle actuelle, et qui montrent comment les agitateurs ouvriers et les politiciens travaillent à exciter les ouvriers contre les patrons, à allumer la guerre de classes, chose qui ne peut que nuire au bien de notre pays.

« Nous n'exprimons ces conclusions qu'avec regret, car nous espérions obtenir des résultats meilleurs lorsque nous avons organisé chez nous la participation aux bénéfices.

« Agréez, etc. »

Cette remarquable lettre appelle les réflexions suivantes :

De 1888 à 1896, MM. Scott et Holston ont pu exercer sur l'élite de leur personnel une action favorable au moyen de la participation.

Mais la masse ignorante ou inintelligente a fait peu de progrès. Comme la période d'application est courte, cela ne saurait beaucoup surprendre ; cependant on pouvait certainement espérer quelque chose de plus après huit ans de pratique. Il est évident que les circonstances sont ici particulièrement défavorables. D'autre part, il faut bien dire que huit années sont peu de chose quand il s'agit de transformer radicalement une population ouvrière, là surtout où elle est aussi mêlée qu'aux États-Unis. On trouve en effet dans ce pays un grand nombre d'Irlandais, d'Allemands, de Polonais, d'Italiens, de Hongrois, dont la formation sociale est faible et qui sont très accessibles aux excitations de toute nature (1).

_____

(1) Voir, dans P. de Rousiers, *La Vie américaine*, des détails fort intéressants sur ce point.

MM. Scott et Holston signalent les conséquences
fâcheuses des excitations adressées aux ouvriers
par les politiciens. Sur ce point, personne ne les
contredira, l'influence de ces parasites étant reconnue partout comme néfaste. Quant aux chefs des
associations ouvrières, on doit reconnaître que leur
conduite 'est souvent dictée par une conception
inexacte des choses : ils prétendent imposer d'une
manière générale leur volonté au patronat et n'admettent qu'à contre-cœur les transactions partielles. C'est là une erreur dont nous avons déjà
expliqué les causes.

En résumé, MM. Scott et Holston sont entrés
dans une voie qui conduit certainement à l'amélioration du personnel quand on y persévère avec patience. S'ils se heurtent actuellement à des difficultés qui rendent leur œuvre plus rude et plus longue
à accomplir, le résultat n'en sera que plus avantageux pour eux-mêmes et pour le personnel de
choix qu'ils formeront peu à peu. L'expérience
réalisée dans ce sens par un de leurs compatriotes,
M. Dolge, fabricant d'accessoires pour pianos, à
Dolgeville, État de New-York, est faite pour les
encourager. M. Dolge a établi chez lui la participation en 1886, et ce système lui a donné des
résultats dont il se loue hautement. Il s'est exprimé
à ce sujet de la manière la plus catégorique lors
du Congrès de la Participation, tenu à Paris en
1889, et dans un ouvrage dont il a publié aux États-

Unis deux éditions successives (1). On peut citer
également l'exemple 'de la fabrique d'articles en
cuivre de M. N.-O. Nelson, autrefois établie à
Saint-Louis et transférée depuis à la campagne,
dans la banlieue de cette grande ville. On a bâti
là tout un village pour les ouvriers de l'usine, et
on lui a donné le nom de Leclaire, en souvenir de
l'éminent patron parisien qui a fait de la participation un usage si remarquable.

Ajoutons ici, quelques témoignages tirés de publications antérieures et qui sont particulièrement
caractéristiques.

Le vénérable J.-B. Godin, le fondateur de l'usine
de Guise, a dit en parlant de son personnel,
qui participait depuis quelques années aux
bénéfices de la maison : « Les ouvriers s'intéressent à l'amélioration de la production ; ils sont
attentifs à signaler les pertes, les causes de mal-
façon. Bien plus, ils s'ingénient à trouver des
choses nouvelles, et à chaque instant nous sommes
obligés de prendre des brevets d'invention. »
    C'est encore Godin qui écrivait cette phrase
dont la portée d'enseignement est grande, car elle
montre qu'en pareille matière la persévérance est

(1) *La juste répartition des gains, appelée participation aux bénéfices, dans le bourg de Dolgeville, États-Unis.* 1 broch.

une cause essentielle de succès : « Si je m'étais laissé aller à la défaillance, je n'aurais rien fait. J'ai lutté contre des préventions et des difficultés de toutes natures... Les préventions, du reste, tombèrent très vite. »

En 1885, M. P. Laroche-Joubert expliquait de la manière suivante les résultats obtenus dans ses usines grâce à la pratique de la participation, établie en 1843 : « L'accroissement des bénéfices provient de ce que, grâce au stimulant de la coopération, jamais nous n'avons eu de mouvement de grève parmi nos ouvriers, jamais de dissentiment d'intérêt entre nous ; de ce que, grâce à la participation, la production de nos usines a augmenté ; la perfection de nos produits est plus grande ; nos prix de revient ont diminué ; nos déchets sont moins considérables ; enfin notre personnel est bien plus fixe, à tel point qu'il compte un nombre de plus en plus grand de familles dont tous les membres font partie de la maison... Enfin, sans la participation, le zèle de notre personnel n'aurait pas été assez grand pour que nous tentions l'entreprise, qui a si bien réussi, de donner à notre industrie primitive : la fabrication des papiers, le grand développement qui lui vient de l'adjonction des industries complémentaires et si importantes des façonnages. »

Nous pourrions citer un grand nombre de témoignages analogues, émanant d'industriels dont la bonne foi est au-dessus de toute contestation ; mais ceux qui précèdent nous paraissent suffisamment démonstratifs. Nous préférons donc insérer ici trois documents, qui, à première vue, semblent défavorables à la participation, mais qui pourtant méritent d'être reproduits avec les observations qu'ils appellent.

Le premier est une déclaration formulée en 1883 par MM. Fox Head et Cie, maîtres de forges en Angleterre. Ces patrons ayant organisé chez eux la participation pour une période de cinq ans, l'appliquèrent fidèlement pendant ce laps de temps, mais ne renouvelèrent pas leur engagement. Ils ont exposé la raison de leur conduite de la manière suivante : « La véritable raison pour laquelle nous n'avons pas voulu continuer chez nous la participation pour une nouvelle période d'années, c'est que nos ouvriers, pris dans leur ensemble, ne nous paraissaient pas suffisamment avancés en culture morale et intellectuelle pour comprendre entièrement et pratiquer consciencieusement le principe de la coopération. Ils ne nous y ont aidé que fort peu, sinon pas du tout. Je ne veux pas dire que le principe en lui-même me semble mauvais, car, en réalité, je le considère comme excellent, mais j'affirme que son application n'est d'aucune utilité si, au point de vue du concours qu'elles doivent donner, les parties contractantes se montrent par trop inégales. »

11*

MM. Fox Head et Cie ont parfaitement raison :
plus le personnel ouvrier est intelligent, instruit,
fortement organisé au point de vue social, et
mieux la participation fonctionne. Mais n'est-il
pas vrai de dire aussi que les patrons ont le devoir
étroit de travailler au progrès moral, intellectuel,
social de leurs ouvriers, et que la participation est
un bon instrument pour agir dans ce sens. La
difficulté est de l'organiser d'une façon qui corres-
ponde précisément à l'état actuel du personnel.
L'expérience de MM. Fox Head et Cie répondait-
elle à ces conditions, et a-t-elle duré assez longtemps pour former preuve contre le procédé de la
participation ? Voilà la question.

M. F. Steinfels, fabricant de savons à Zurich
(Suisse), écrivait en 1885 : « En général, je ne puis
qu'exprimer du contentement au sujet de l'influence
qu'exerce la participation aux bénéfices sur le
travail du personnel que j'occupe et sur son attachement à la maison. Aussi, *malgré quelques
désagréments*, je persévérerai dans la voie où je
me suis engagé. »

En 1896, M. Steinfels a bien voulu nous faire
la communication suivante :

« Je m'empresse de vous informer que le système
de la participation aux bénéfices, pratiqué pendant
une vingtaine d'années dans notre maison, a été

abandonné à cause du résultat peu satisfaisant
que nous en avons obtenu.

« En général, nous n'avons pu constater aucune
amélioration, ni dans le travail, ni sur l'ouvrier
ordinaire, qui, d'après notre expérience, ne comprenait guère que le bénéfice réalisé doit varier
chaque année, et même qu'il peut, dans certains
cas, disparaître tout à fait. La plupart de nos ouvriers
paraissaient toujours compter sur le maximum
comme sur une redevance qui leur appartenait de
droit à raison de leur travail, à tel point que leur
attitude vis-à-vis de la maison se modifiait quand
le maximum n'était pas atteint.

« Telle est la raison pour laquelle nous avons
remplacé ce système par une répartition annuelle
de gratifications, proportionnées à la bonne conduite et au mérite de l'ouvrier. »

Ainsi, après vingt ans de pratique, M. Steinfels
n'a pas constaté des progrès suffisants chez son personnel pour conserver tel quel son système. Il ne
l'a pas abandonné, cependant, mais plutôt transformé, à ce qu'il semble d'après sa lettre, en une
combinaison plus simple, mieux appropriée à la
situation. Cet exemple prouve une fois de plus
combien il est nécessaire d'étudier à fond l'état
des choses avant d'établir la participation, et surtout de choisir pour le début une combinaison très
élémentaire et très souple, permettant d'accoutu-

mer peu à peu les ouvriers à des idées et à des
choses nouvelles pour eux.

Enfin nous avons reçu de M. le Directeur de la
Société minière et métallurgique de Penarroya
(Espagne), dont le siège social est à Paris, la lettre
suivante (1) :

« La participation des ouvriers aux bénéfices
n'est point appliquée dans nos établissements mi-
niers et métallurgiques d'Espagne. Ni les mœurs
et le caractère, ni la mobilité de notre personnel,
ne permettraient l'adoption d'une telle mesure.
Déjà nous avons beaucoup de peine à appliquer le
mode de travail à la tâche fractionnée et à soustraire nos ouvriers à l'exploitation des entrepreneurs grands et petits (contratistas).

« Même dans les pays où la population ouvrière est
plus avancée, je ne crois pas que la participation
aux bénéfices ait jamais été appliquée, et puisse
jamais l'être sérieusement dans la grande industrie. Les exemples qu'on en cite ne concernent que
la petite ou moyenne industrie. Encore était-elle
réduite à une minorité d'ouvriers, élite se rapprochant plutôt des contremaîtres, — et entourée de res-
trictions qui en faisaient une sorte de don ou de

(1) Cette compagnie est portée sur la liste publiée par M. Lourties comme pratiquant la participation; de là notre démarche
auprès d'elle.

faveur proportionnels aux bénéfices et non une
véritable participation.

« Comment admettre en effet qu'un chef d'industrie soit exposé à voir discuter, par ses ouvriers
ou leurs représentants, sa gestion, la proportion
d'amortissements qu'il juge bon de prélever sur
les bénéfices, les frais généraux, leur montant et
leur répartition entre les différents ateliers ou
usines qui sont réunis entre ses mains. Que de
conflits, là où on avait espéré apporter la paix !

« Comment concilier cette participation avec la
mobilité, à laquelle beaucoup d'ouvriers tiennent
et avec raison ?

« Enfin on n'a jamais répondu à l'objection de
la participation aux pertes.

« Le temps me manque pour développer toutes
ces considérations. Mais mon expérience industrielle déjà fort longue me permet de considérer
le système de la participation aux bénéfices comme
la conception purement théorique d'hommes généreux, qui ont cru y trouver la panacée aux difficultés ouvrières, mais qui n'ont jamais senti sur
leurs épaules la lourde responsabilité de la conduite d'une grande industrie, et qui n'ont jamais
été en contact direct avec les populations ouvrières. »

Ce document est intéressant parce qu'il exprime
avec précision et modération l'avis d'un grand

nombre de patrons concernant la participation. Nous y ajouterons quelques remarques en le suivant point par point.

Il est très vraisemblable en effet que le milieu espagnol ne se prêterait guère à une application compliquée de la participation, il est trop faiblement organisé pour cela. Mais il est probable aussi que l'on pourrait agir utilement sur ce milieu par une application sage et mesurée, sous une forme très simple, de ce système qui, par sa souplesse, se plie à toutes les situations.

La participation est pratiquée avec succès dans des maisons appartenant à diverses spécialités très différentes les unes des autres, et qui occupent de mille à douze cents ouvriers, parfois même davantage. N'est-ce pas là de la grande industrie ?

La participation n'implique nullement l'ingérence forcée du personnel dans la direction, sinon elle tourne à la coopération, ou même à l'association, ce qui n'est pas du tout la même chose.

La question de la participation aux pertes a été souvent discutée. Nous en parlerons nous-même plus loin, pour démontrer qu'elle n'est ni juste ni logique.

L'indépendance de l'ouvrier se concilie parfaitement avec la participation ; nous en avons donné tout à l'heure des exemples frappants.

Enfin, parmi les partisans de la participation, on compte plus de praticiens que de théoriciens. Les plus ardents propagateurs du système étaient pour la plupart des hommes engagés au fort de la concurrence industrielle. Nous pouvons donc dire que les objections de notre honorable correspondant paraissent basées sur des raisonnements *a priori*, plutôt que sur des motifs certains puisés dans une expérience directe.

Puisque nous venons d'entendre un industriel parler contre la participation, l'occasion nous semble bonne pour grouper les critiques dirigées contre la participation ouvrière. Les arguments, présentés parfois avec une vivacité passionnée, qui n'a rien à voir avec l'observation scientifique, sont assez nombreux et de valeur inégale. Nous en donnons un tableau aussi complet que possible, formé d'après un bon nombre d'auteurs appartenant à divers pays. Remarquons sans tarder que ces auteurs sont, ou bien des économistes cantonnés dans le domaine d'une théorie spéciale et étroite, ou bien des socialistes qui, voulant refondre d'un seul coup, sur un type uniforme, la société tout entière, considèrent comme vaines ou même comme dangereuses les mesures individuelles. Cette notion est indispensable pour bien juger les

objections qui vont suivre, et qui trouvent leur ré-
futation complète dans les explications et les
exemples donnés au cours de ce travail.

« La participation, a-t-on dit, a pour effet de
compliquer la situation ouvrière en enchevêtrant
les intérêts et en préparant des dissentiments
entre patrons et ouvriers. » — Tous les types que
nous avons observés prouvent que ce motif est
purement théorique et sans valeur pratique.
Lorsque la participation est organisée avec soin
sur une base convenable, elle simplifie et concilie
les intérêts respectifs du patron et de l'ouvrier.

« Elle pousse les ouvriers à formuler des reven-
dications nouvelles et à s'immiscer dans la direction de l'affaire. » — Nous devons dire ici encore
que l'immense majorité des exemples connus
protestent contre cette allégation. C'est là surtout
une question de mesure et de prudence dans l'organisation graduelle de la participation.

« Elle fait dépendre la rémunération de l'ouvrier
de la capacité du patron. » — Nullement, puisque
la participation n'est qu'un supplément éventuel
ajouté à la rémunération ordinaire du travail.
Celle-ci n'est donc pas compromise.

« La participation lie l'ouvrier au patron et lui
enlève sa liberté. » — Il peut être créé un lien

entre eux par la clause de déchéance, mais ce lien n'a rien d'absolu, et d'ailleurs cette clause tend à disparaître. Là où elle subsiste, la déchéance est rarement totale. L'expérience a prouvé que ce risque ne retient guère l'ouvrier qui a trouvé une position plus avantageuse, ou même simplement poussé par un coup de tête (1).

« Elle ne résout pas l'antagonisme entre patrons et ouvriers, car il subsiste en principe à l'occasion du partage des gains. » — L'expérience prouve absolument le contraire ; le partage du profit, s'il est convenablement organisé, ne soulève par lui-même aucune difficulté grave. En tous cas, lorsque les habitudes de bonne entente sont prises, les désaccords se règlent sans peine et sans crise.

« L'ouvrier s'habitue à considérer sa part comme une portion intégrante du salaire. » — Le fait peut se produire dans certains milieux ouvriers peu développés ; c'est au patron à prendre ses précautions, à organiser son système en conséquence et à travailler au progrès social de ses ouvriers. Il y gagnera autant qu'eux-mêmes.

« La participation crée des différences entre ouvriers de même spécialité dans un même lieu, ce qui entraîne des comparaisons et des méfiances à l'égard de certains patrons. » — Si on s'arrêtait à cette objection, il faudrait donc que chacun dans

(1) Voyez l'exemple caractéristique donné ci-dessus.

un même lieu réglât sa conduite sur celle du plus
mauvais patron, afin d'éviter à celui-ci des comparaisons gênantes ?

« En poussant les ouvriers à produire, on les
use avant l'âge. » — Le travail à la tâche, si souvent pratiqué, amène en effet ce résultat, parce
que l'ouvrier est poussé directement à une production précipitée. Une participation bien organisée
n'entraîne nullement le surmenage, mais plutôt
un meilleur emploi du temps, des outils et des
matières, et elle assure au travailleur des ressources
importantes qui peuvent mettre sa vieillesse à
l'abri du besoin.

« La participation conduit l'ouvrier à un indi-
vidualisme égoïste, l'éloigne de la solidarité de
classe et le met dans la dépendance du patron. »
— En réalité, elle établit entre ouvrier et patron
une solidarité qui n'existe guère avec le salaire pur
et simple, et cela n'exclut pas la solidarité de
classe. Celle-ci se montre souvent chez les participants, qui sont les premiers à aider les camarades
malheureux. Ils s'éloignent en général, cela est vrai,
des syndicats; mais cette attitude tient surtout à
la mauvaise organisation de ces sociétés, trop souvent mal dirigées et de peu d'utilité. Si elles rendaient actuellement aux ouvriers des services
pratiques, au lieu de viser presque exclusivement la
guerre de classes, les participants n'auraient aucun
motif pour les délaisser.

« Elle ne convient que pour certaines industries déterminées, où la main-d'œuvre joue un rôle prépondérant. » — L'expérience prouve que la participation constitue un procédé d'une grande souplesse, qui se plie à toutes les situations et à tous les besoins, à bien peu d'exceptions près..

« Elle ne saurait régler tous les rapports entre le travail et le capital : c'est donc un système incomplet. » — Les participationnistes n'ont pas la prétention de fournir une solution radicale de la question ouvrière, une panacée, mais seulement un moyen d'action qui est d'ailleurs fort efficace, tant au point de vue de l'éducation sociale qu'à celui de l'avantage matériel des ouvriers.

« La perspective d'un profit réalisable à longue échéance agit peu sur l'esprit de l'ouvrier. » — C'est là une pure question de procédé et d'éducation sociale, qui se résout avec du temps, du soin et de la patience.

« Le partage réduit les parts individuelles à peu de chose. » — Nous avons montré par des exemples précis que l'accumulation des parts annuelles peut aboutir à des résultats singulièrement précieux pour la famille ouvrière.

« L'extension du système, en améliorant la production, activera la concurrence et entraînera, avec la baisse des prix, la réduction des profits. » — La baisse des prix amène surtout l'extension de la

consommation et la prospérité des affaires, c'est-à-
dire de nouveaux profits.

« Le succès de la participation attire et concentre
les ouvriers sur le même point, ce qui entraîne la
baisse des salaires. » — Il est établi que, si les
patrons ·participationnistes ont en effet plus de
choix pour recruter leur personnel, ils payent
d'ailleurs des salaires basés sur les tarifs courants
les plus avantageux.

« Si les ouvriers sont satisfaits dans les années
prospères, les années difficiles excitent parmi eux un
mécontentement dangereux. » — Le fait peut se
produire par exception ; mais ici encore l'éducation
sociale agit bientôt pour éclairer les intéressés sur
le vrai sens des choses.

« La participation entraîne le contrôle des écritures et de la méthode de fixation des bénéfices,
chose délicate. » — Ce n'est pas là une conséquence forcée, et dans tous les cas le contrôle peut
être organisé de manière à ne pas gêner le patron.
Nous reviendrons tout à l'heure sur cette question
importante.

« En réduisant les capitaux industriels, la participation entrave la marche des affaires. » — On
peut, s'il en est besoin, prévenir cet inconvénient
par des mesures appropriées, par exemple en ré-
partissant les fonds sous la forme d'actions ou de
parts d'actions de l'entreprise. Il est du reste fort

rare que cette combinaison soit vraiment utile.
« Il est dangereux de divulguer le chiffre ou le
défaut du profit. » — Beaucoup de patrons participationnistes évitent cette difficulté par des combinaisons fort simples. D'autres déclarent qu'ils ne
la ressentent nullement. Nous aurons également
l'occasion de revenir sur ce point.

Nous croyons avoir résumé dans ce tableau à
peu près toutes les objections un peu sérieuses
que l'on a formulées contre la participation. Elles
sont, en réalité, faciles à écarter en se basant sur
les enseignements fournis jusqu'à ce jour par la
pratique de plusieurs centaines d'établissements de
tous genres et de toute grandeur. Nous n'insisterons donc pas, et nous essayerons de formuler
d'une façon nette les procédés employés pour organiser la participation, en faisant notre profit de
l'expérience acquise par les industriels qui la
pratiquent depuis longtemps et avec succès.

IV

ORGANISATION DE LA PARTICIPATION OUVRIÈRE

Principes généraux. — Admission au bénéfice de la participation. — Détermination du quantum de répartition.
— Contrôle par le personnel. — Mode de répartition du
fonds de participation. — Emploi des fonds répartis.

I

Un système de participation bien organisé, et
qui réussit, peut produire dans un établissement
les résultats les plus précieux. Un essai mal calculé ou mal conduit, qui échoue, laisse à coup
sûr des germes de méfiance et d'irritation réciproques. Tout échec produit d'ailleurs une mauvaise impression et jette dans les esprits des
préjugés défavorables à la participation. Donc, un
patron qui songe à l'expérimenter doit au préalable ouvrir une enquête minutieuse sur la situation de son établissement, afin de choisir le sys-

tème le mieux adapté aux circonstances, le plus
capable de donner de bons résultats à tous les
points de vue. Cette enquête portera d'abord sur
les faits suivants.

1° *État général de la maison.* — S'il est prospère, ou tout au moins susceptible d'amélioration,
précisément par l'action personnelle des ouvriers,
la participation pourra réussir. Si l'établissement
décline ou languit par l'effet de causes permanentes, que la seule volonté des intéressés ne saurait écarter, la participation ne changera guère la
situation et ne donnera que des résultats illu-
soires, propres à la déconsidérer.

2° *Situation matérielle de l'entreprise.* — La participation est relativement aisée à organiser dans
une maison bien ordonnée et pourvue d'une bonne
comptabilité. A défaut de cette double condition,
rien n'est clair ni précis, tout reste sujet à doute,
à contestation, à méfiance. Mieux vaut alors s'abs-
tenir, plutôt que d'introduire dans l'affaire un nouvel élément de complication.

3° *Condition personnelle du patron.* — Nous avons
essayé de démontrer qu'en définitive la participation, comme tous les actes de patronage, a sa place
naturelle dans l'organisation économique d'un établissement bien conduit. Ce n'est donc pas une institution philanthropique. Malgré cela, elle doit être
appliquée dans un esprit d'amicale bienveillance,
qui rapproche le patron de l'ouvrier, facilite les rela-

tions et appelle la confiance. Un chef indifférent,
qui fait de la participation un simple instrument
économique conduit par un rouage purement administratif, n'en tirerait certainement pas tous les
bons résultats dont elle est susceptible. Quant à
celui qui en ferait la base d'une combinaison
propre à exploiter les ouvriers, à en tirer pour lui-
même des avantages bien plus considérables que
ceux dont jouirait son personnel, ce serait un
employeur sans scrupules dont les agissements
auraient bientôt des conséquences matérielles et
morales fâcheuses. En somme, le patron doit agir
avec équité et bienveillance, dans le désir d'assurer à son personnel, autant que possible, des
avantages raisonnables, tout en se procurant à
lui-même certaines conditions favorables à son
intérêt.

D'autre part, un chef de maison à ses débuts
trouvera sans doute qu'il serait hasardeux d'ajouter aux difficultés et aux préoccupations inévitables
du moment celles qui résultent de l'organisation
d'un système de participation. Pourtant, il ne faut
pas oublier que ce système est précisément de nature à ajouter un appoint considérable aux chances
de succès de l'entreprise. Un patron ne doit donc
pas attendre, pour agir dans ce sens, qu'il ait une
fortune faite et un avenir assuré. Nul n'est obligé
de commencer avec une organisation large et complète ; il est même beaucoup plus prudent d'opé-

rer d'abord sur une petite échelle, pour développer plus tard, graduellement, toute l'institution
en même temps que l'entreprise elle-même.

Dans tous les cas, le patron qui veut recourir à
la participation doit étudier un plan avec matu-
rité, le présenter à ses ouvriers avec précaution,
voire même avec une certaine adresse, enfin l'appliquer avec fermeté et persévérance, sans se laisser décourager ou détourner par les incidents plus
ou moins graves qui peuvent survenir (1). Ces incidents fourniront souvent d'utiles indications au patron intelligent et avisé pour modifier et améliorer à propos son système.

4° *Condition personnelle des ouvriers.* — C'est
là encore un point essentiel, qui appelle l'examen
le plus attentif, car on ne saurait agir de la même
façon avec des hommes de formations différentes.
Un patron peut, en effet, se trouver en présence
d'une population animée en moyenne d'un esprit
énergique, habituée à l'action personnelle, peu
disposée par conséquent à se laisser contrôler de
près. Ailleurs, on rencontrera au contraire des

(1) Dans un charbonnage anglais où la participation, établie
depuis quelques années, donnait déjà des résultats remarquables,
les ouvriers crurent devoir prendre part à une grève organisée
par le personnel des autres mines de la région. Aussitôt la Compagnie, déçue et mécontente, supprima la participation. En
supposant même que les ouvriers aient eu complètement tort dans
cette affaire, était-il juste et prudent de tout rompre ainsi, dès le
début, pour une erreur ? Nous ne le pensons pas. Il faut de la
patience et de la souplesse pour bien résoudre ces graves questions.

familles dressées à l'obéissance, peu prévoyantes, peu énergiques, peu capables d'organiser quelque chose par elles-mêmes. Enfin on aura le plus souvent un mélange de ces deux éléments, avec prédominance plus ou moins grande de l'un d'eux. Imposer au premier type les mêmes conditions qu'au second, ce serait appeler une résistance incoercible et préparer un échec. Laisser tout de suite aux gens du second type la même liberté d'action qu'à ceux du premier, cela aurait, pour eux d'abord, et pour le patron ensuite, les plus mauvaises conséquences, et la tentative échouerait encore. Le patron se renseignera donc exactement sur le caractère de ses ouvriers, sur leur manière de vivre, leur degré de prévoyance, leur instruction, leur ouverture d'esprit ou leur tendance à la routine. Il tiendra compte aussi du milieu où ils vivent : ville ou campagne, et de l'action que ce milieu peut exercer sur eux. Il s'informera de leur moralité, des influences diverses, accidentelles ou permanentes, qu'ils subissent. De cette enquête, facile à faire pour un homme réfléchi, sortiront bien des avis qui faciliteront au patron le choix de la ligne de conduite à tenir.

Après avoir étudié ces éléments généraux, qui doivent déterminer sa résolution, le patron décidé à introduire chez lui la participation aux bénéfices aura à choisir les bases et à fixer les détails du système. Son attention se portera donc sur les points suivants, que nous rangeons dans l'ordre d'application :

1° Qui sera admis à bénéficier de la participation ;

2° Quelle sera la proportion, ou quantum, abandonnée au personnel sur le total des bénéfices ;

3° Comment sera organisé le contrôle vis-à-vis du patron, s'il y a lieu ;

4° Sur quelles bases se fera la répartition entre les participants ;

5° Sous quelle forme la remise des parts aura lieu.

Étudions en détail ces diverses questions (1).

(1) Les personnes désireuses d'étudier à fond la question spéciale de la participation consulteront avec fruit le *Bulletin* de la « Société pour l'étude de la participation », de Paris, qui contient des articles, des règlements, des notices bibliographiques. Elles obtiendront aussi des renseignements très complets, en s'adressant au *Musée social*, 5, rue Las-Cases, à Paris, fondé par le comte de Chambrun ; cette grande institution s'applique à réunir les informations et les documents relatifs aux questions sociales de tout ordre.

Il est évident que l'on ne saurait sans erreur et sans injustice admettre indistinctement tous les employés et ouvriers d'une maison à jouir, sur le même pied, du bénéfice de la participation. Il y a entre les diverses fractions du personnel d'un établissement des différences telles, que la nature même des choses indique la nécessité d'admettre des distinctions. Celles-ci varient d'ailleurs avec la nature et l'importance de chaque affaire. Mais, dans la plupart des cas, on se trouvera en présence des éléments suivants, combinés de diverses façons :

1° Les employés supérieurs, jouissant de traitements élevés ;

2° Les employés secondaires, payés au mois ;

3° Les contremaîtres ;

4° Les ouvriers de métier permanents (y compris les domestiques ou valets de ferme) ;

5° Les journaliers ou manouvriers permanents ;

6° Les ouvriers ou manouvriers employés temporairement à titre auxiliaire ;

7° Les tâcherons et sous-traitants.

D'un autre côté, il convient encore de mettre à part les apprentis et les jeunes aides, qui ne reçoivent pas de salaire proprement dit, ou qui sont payés par l'ouvrier auquel ils sont adjoints. Il en est de même pour les domestiques attachés à la personne.

Observons, enfin, qu'il n'y a pas lieu de distinguer entre les sexes. Les femmes se classent parmi les hommes selon la nature de leur emploi. Il faut cependant leur appliquer certaines règles spéciales que nous signalerons chemin faisant.

Ceci posé, demandons à la pratique comment elle procède vis-à-vis de chacune de ces catégories.

En ce qui concerne les agents supérieurs, dont le traitement annuel fixe atteint ou excède 6.000 francs, il arrive souvent qu'on les exclut de la participation. Cela se justifie par diverses raisons. D'abord, il est des cas où le but que l'on se propose en établissant la participation est atteint par l'effet même du gros traitement, car il attache à la maison et intéresse à la prospérité de celle-ci l'agent qui le reçoit. Ensuite, de tels employés appartiennent à une catégorie sociale qui n'a pas besoin du patronage au même degré que les ouvriers, puisqu'elle est beaucoup mieux en mesure de se suffire par ses propres moyens:

Dans certains établissements, toutefois, les chefs de service·participent comme le plus humble des aides. Cela s'explique par des motifs pratiques très raisonnables. Ainsi, quand l'état-major d'une entreprise est formé d'anciens employés ou ouvriers parvenus de grade en grade, à force de travail, d'intelligence et de mérite, à une position supérieure, qui ne leur échoit le plus souvent que vers le terme d'une laborieuse carrière, il serait illogique de les priver à ce moment d'un avantage acheté par un long dévouement. C'est là une question de fait que chacun doit apprécier d'après les circonstances de l'affaire et la condition personnelle des intéressés.

Observons encore que, dans beaucoup de maisons où la participation ouvrière n'existe sous aucune forme, les agents supérieurs reçoivent au contraire des allocations prélevées sur les bénéfices, soit en vertu d'arrangements précis, soit par l'effet de la volonté spontanée du patron, qui leur accorde à certaines époques des gratifications. Ce système incomplet répond assez bien à l'idée erronée que beaucoup d'industriels se font de l'organisation du travail. Pour eux, les employés constituent seuls le personnel proprement dit de l'entreprise ; les ouvriers sont de simples fournisseurs de travail, qui n'ont avec l'établissement qu'un lien provisoire et lâche, et dont on ne s'occupe plus en dehors de l'atelier. Erreur profonde, dont nous avons signalé déjà les effets et les dangers. En tout état de cause, cette combinaison incomplète, même si on l'organise d'une façon régulière, contractuelle, ne peut donner que des résultats tout à fait nuls au point de vue si capital de la question ouvrière. Il faut dire aussi qu'on pourrait l'employer parfois avec avantage pour commencer l'organisation d'un régime plus complet, en préparant les esprits et en acquérant d'une manière progressive l'expérience nécessaire pour opérer plus en grand (1).

. Les employés secondaires : commis aux écritures, magasiniers, garçons de magasin, etc., forment une catégorie spéciale. Sans exercer sur la production une influence très directe, ils peuvent néanmoins agir dans une mesure variable sur la marche des affaires de la maison et sur la conservation du matériel. De plus, leur position sociale leur rend précieux le soutien du patronage, bien qu'en moyenne elle soit meilleure, plus sûre, que celle de l'ouvrier proprement dit. Il est donc utile et avantageux de les admettre à la participation, dans une proportion à fixer en prenant pour base la situation particulière de chaque spécialité d'affaires et de chaque catégorie d'employés.

Les contremaîtres et chefs d'atelier ont une action considérable sur la production. Leur exemple, leur direction et leur surveillance sont

(1) Cf. le régime établi par MM. Gageot, Pérignon et Cⁱᵉ, plomberie et cuivrerie, Paris.

indispensables pour la bonne exécution du travail. Soutenir et récompenser leur zèle, c'est pour le chef de métier une mesure indiquée par la force même des choses. En outre, le patronage est pour eux un secours utile, parfois très nécessaire. Du reste, ils ne sont pas placés bien loin au-dessus de la classe ouvrière dont ils sortent, et leur salaire ne dépasse pas de beaucoup, en général, celui de leurs subordonnés; il est surtout plus régulier, plus assuré. Tout concourt donc à le désigner comme participants : l'utilité, la situation sociale et le mérite.

Pour ce qui concerne les ouvriers de métier, les domestiques ou valets de ferme, occupés d'une manière permanente, la question ne se pose même pas pour eux. Ils constituent le noyau essentiel de la main-d'œuvre, la force intelligente qui donne la vie à l'atelier. L'aide du patronage est d'ailleurs indispensable pour assurer à l'existence de leurs familles un maximum de sécurité. La participation, base excellente pour toutes les institutions ouvrières, est, en outre, susceptible d'exercer une action directe très sensible, nous l'avons constaté, sur la durée et sur la valeur des services. Ce procédé s'appliquera donc naturellement aux ouvriers de ce type, en le graduant, si on le juge utile, selon certaines catégories que nous aurons à déterminer.

Quant aux journaliers ou manouvriers em-

ployés d'une manière régulière, il ne paraît pas
au premier abord que leur situation soit sensiblement différente de celle des précédents. La permanence des services est un argument capital en
leur faveur, et il semble que, dans la plupart des
cas, il y aura utilité et justice à les faire participer. Toutefois ce principe ne peut être posé à titre
de règle générale, car il est des circonstances où
la solution contraire apparaîtra comme pratiquement préférable. Tel est le cas, par exemple,
quand cette situation de manouvrier n'est qu'un
stage aboutissant à celle d'ouvrier de métier.

Les ouvriers et journaliers en service temporaire plus ou moins prolongé, qu'il ait duré seulement quelques heures, ou des mois entiers,
sont rarement admis à participer. C'est qu'en
général leur rôle est si secondaire, parfois même
si accidentel, leur vie si nomade, qu'il est difficile
de les associer à une combinaison basée avant tout
sur la continuité et l'importance des services.
Pourtant certaines entreprises les admettent à la
participation, et elles ne sont pas sans y trouver
quelques avantages : celui d'avoir un choix plus
facile parmi les travailleurs de cette catégorie,
notamment. Ces maisons sont guidées aussi par
un principe de justice ; elles admettent que, le
système étant établi dans l'intérêt du personnel
ouvrier, tout individu qui a participé à la production dans le courant d'un exercice, doit aussi

participer au profit, en proportion de ses efforts (1).
Cette dernière préoccupation est éminemment
respectable en principe, mais au point de vue pratique elle peut entraîner des complications assez
gênantes, en ce qui touche la comptabilité,
notamment. Ici encore, chaque chef d'industrie
devra consulter, pour sa gouverne, les circonstances particulières et les besoins spéciaux de son
entreprise, ainsi que ses sentiments personnels.

Nous arrivons enfin aux tàcherons ou sous-traitants, qui sont par eux-mêmes de véritables entrepreneurs, ayant très souvent à leurs gages des
ouvriers ou des journaliers. Leur situation très
spéciale diffère avec les circonstances. Tantôt ils
travaillent seuls, et leur rémunération est un véritable salaire, variable avec leur habileté et leur
activité. Il est possible, dans ce cas, de les admettre
à la participation, cela dans des conditions à
déterminer selon les cas. Souvent aussi leur rémunération est augmentée d'un profit réalisé sur
le produit du travail des ouvriers qu'ils emploient,
et alors ils sortent tout à fait des cadres du personnel de l'entreprise.

Nous avons mis à part les apprentis, les jeunes
aides et les domestiques attachés à la personne.
Il convient d'en dire au moins quelques mots.
Beaucoup de patrons trouvent avantageux et utile

(1) Exemple : Redouly et Cⁱᵉ, peinture en bâtiments, Paris.

d'associer les apprentis eux-mêmes à la participation, qui leur fait aimer et apprécier la maison où ils se sont formés, leur donne l'habitude et le goût de l'épargne, leur prépare des ressources précieuses pour l'époque du service militaire, ou même pour leur installation première au moment du mariage, moment qui est retardé dans un très grand nombre de cas par le manque d'argent. Leur jeunesse est rendue par là plus heureuse, leurs débuts dans la vie d'ouvrier sont moins durs. L'accumulation d'un pécule leur inspire des idées d'avenir, d'ambition, qu'ils n'auraient jamais eues sans cela. En un mot, la participation bien organisée exerce sur eux une action éducatrice très importante et très efficace (1).

Quant aux domestiques, ce ne sont pas des collaborateurs industriels, même quand ils sont attachés à des familles patronales. Ils n'ont donc aucune action sur les bénéfices acquis dans les affaires. On peut agir pourtant sur eux et pour eux, tout en soignant son propre intérêt, en leur allouant des primes d'économie sur la consommation ménagère du charbon, du bois, du gaz, de l'huile, du pétrole, du savon, voire même de l'eau, articles qui sont très souvent gaspillés d'une façon exagérée, en dépit de la surveillance. Nous avons, par exemple, obtenu une réduction sensible sur la

_____

(1) Voir plus haut, p. 67 et s., les exemples fournis par l'Imprimerie Chaix et Cⁱᵉ, Paris, etc.

consommation mensuelle du gaz de chauffage, en donnant à une servante la moitié de l'économie réalisée sur la dépense d'un mois pris comme base moyenne. En inscrivant ces primes sur un livret de caisse d'épargne, on arriverait à des résultats intéressants. Le domestique n'est-il pas, en fait, un ouvrier qui a, lui aussi, besoin d'être patronné, et c'est en le patronnant qu'on en fera un bon serviteur. Ici encore le profit est réciproque.

On voit par ces courtes observations combien de questions se présentent tout d'abord à l'examen de celui qui veut établir chez lui la participation. Il en est d'autres encore, d'une portée plus générale. Les voici.

En premier lieu, quand on établit la participation, le personnel se divise naturellement en deux groupes, l'un composé des agents les plus jeunes, qui ont chance de bénéficier longtemps de la nouvelle institution, l'autre formé des employés et ouvriers déjà âgés, et qui approchent du terme de leur vie active. Ceux-ci se trouvent placés dans une position d'infériorité vis-à-vis de leurs camarades. Beaucoup de patrons ont tenu à compenser cette inégalité en créant un fonds ou masse d'entrée au profit de leurs agents les plus anciens. Nous citerons comme exemple M. Chaix, qui, en fondant chez lui la participation, a versé 50 francs par tête et par année de présence au profit de tous ceux des participants qui comptaient déjà plus de trois années de services dans la maison.

En second lieu, après avoir décidé si toutes les catégories d'agents, ou seulement une ou plusieurs d'entre elles, seront appelées à participer, on peut encore se demander si, dans ces catégories elles-mêmes, il n'y a pas lieu d'établir des subdivisions basées sur la durée des services, le grade ou le mérite. Certaines maisons n'admettent à la participation qu'après l'accomplissement d'un stage variant entre six mois et trois ou même cinq ans. Cela exclut d'emblée plusieurs des catégories que nous avons indiquées tout à l'heure, et s'explique par le désir légitime d'obtenir la stabilité du personnel. Divers chefs d'établissements déclarent, du reste, qu'à leurs yeux il n'est pas très juste ni très pratique d'établir de pareilles inégalités, d'abord parce que tous ceux qui ont collaboré à la production doivent participer aux avantages qu'elle procure, ensuite parce qu'il est bon de récompenser et de soutenir tous les efforts individuels, pour le plus grand bien de l'entreprise, en évitant des privilèges propres à exciter chez les moins anciens des ouvriers le découragement et la jalousie. La résolution à prendre nous paraît devoir dépendre, ici comme toujours, de la situation particulière de chaque maison. Dans les entreprises dont le personnel est peu nombreux, et qui donnent des

profits élevés, ou bien dans celles où la main-
d'œuvre tient une place prépondérante, la participation s'étendra facilement à tout le personnel
ou à peu près. Dans celles où des centaines de
personnes sont occupées régulièrement, où le
profit est en moyenne faible et où la main-d'œuvre
voit son rôle contre-balancé par d'autres facteurs,
la part de chaque participant peut devenir insi-
gnifiante si personne n'est exclu. C'est ce qu'un
éminent praticien, M. Aug. Lalance, exprimait en
ces termes : « On ne saurait étendre les avantages
de la participation à tout le personnel que dans
les maisons où les ouvriers sont peu nombreux
et les bénéfices considérables. Par contre, les établissements qui occupent beaucoup de travailleurs,
tels que les filatures, les tissages, les fabriques
de machines, ne peuvent intéresser à leurs bénéfices qu'un nombre déterminé d'ouvriers choisis;
autrement, elles auraient à supporter des charges
trop grandes ou ne pourraient allouer que des
parts individuelles trop petites, conditions qui
enlèveraient toute efficacité à l'institution. »

On peut arriver à ce résultat soit d'une façon
mécanique, en appliquant la condition de stage
plus ou moins long dont nous parlions tout à
l'heure, soit en désignant au choix les participants, en raison de leur mérite cumulé ou non
avec leur ancienneté. Cette dernière combinaison
exige de la part du patron beaucoup de précau-

tions, afin d'éviter des injustices qui feraient la plus mauvaise impression sur l'esprit des ouvriers. Il s'agit d'arriver par ce moyen à créer dans l'établissement une élite, un *noyau*, selon l'heureuse expression employée par Leclaire, qui groupe tous les éléments anciens, solides et expérimentés du personnel, pour en faire la tête et l'âme des ateliers. On peut du reste encourager le zèle des non-participants, d'abord en leur offrant la perspective d'entrer un jour dans cette classe favorisée, ensuite en allouant des gratifications aux meilleurs d'entre eux, dans des conditions propres à leur faire apprécier déjà certains des avantages de la participation (1).

Après avoir désigné ceux qui bénéficieront de la participation, soit au choix, soit en fixant certaines conditions d'admission, le patron est amené à déterminer la somme qui leur sera distribuée ; c'est la proportion de cette somme par rapport au chiffre total de bénéfices que l'on désigne communément sous le nom de *quantum*. Nous avons à examiner quelles sont les méthodes employées pour régler ce point important.

(1) Exemples : Redouly et C⁹, peinture et vitrerie, Paris ; Besse-lièvre, tissage, à Maromme (Seine-Inf.) ; Barbas, Tassart et Balas, couverture et plomberie, Paris ; Adler, cartonnages, à Buchholz (Saxe) ; Goffinon, domaine de Grésy, etc., etc.

III

Quelle sera la portion de ses bénéfices que le
patron abandonnera à son personnel ? Ce n'est pas
là, comme on pourrait le croire tout d'abord, une
pure question de générosité. L'expérience a montré qu'il n'est pas sans inconvénients de la faire
ou trop forte, ou trop faible. Trop forte, elle peut
enlever aux affaires des sommes considérables.
Trop faible, elle n'atteint pas son but, n'intéresse
pas l'ouvrier, et peut même aboutir à l'antagonisme par la comparaison facile entre la part du
personnel et celle du patron. La question mérite
donc d'être étudiée avec soin.

Un praticien de grande expérience, M. F. Engel-
Dollfus, a estimé à 10 0/0 du salaire, terme moyen,
la prestation patronale nécessaire pour soutenir
les institutions relatives à la sécurité de la vie
ouvrière : éducation de l'enfance, amélioration du
logement, soins aux malades et aux femmes en
couches, assurance-accidents, constitution de re-

traites (1). Cette proportion varie nécessairement
avec la nature et l'étendue des entreprises, mais
elle peut être prise à titre d'indication générale.
Donc, si l'on considère en principe la participation comme une base pour les institutions de
prévoyance, on sera amené à la fixer à peu près
à ce taux, en le considérant même comme un
minimum, car il faut aussi pourvoir aux impré-
vus. Il est du reste assez rare que, dans la pratique, le produit de la participation s'élève, année
moyenne, au-dessus de 10 0/0 du salaire ; il est
plus généralement fixé au dessous ; mais souvent
aussi les patrons font en même temps d'autres
sacrifices pour des institutions qui restreignent le
rôle de la participation, ou plutôt dont les effets
se cumulent avec les siens.

A ce propos, on peut se demander s'il y a utilité à fixer d'avance le quantum et à le faire connaître. En le divulguant, on révèle du même coup

(1) Voici le détail donné par M. Engel-Dollfus pour l'emploi de
cette prestation. Il est intéressant à cause de la grande expérience en la matière de ce patron éminent :

Asiles, écoles, ouvroirs..............	1	0/0 du salaire
Amélioration du logement..........	1	—
Secours de maladie	4	—
Secours aux femmes en couches....	1/2	—
Assurance-accidents...............	1/2	—
Retraites.................,..........	3	—
Total............;......	10	0/0 du salaire

Inutile d'insister sur ce fait que ce calcul s'applique d'une
façon spéciale à la grande industrie manufacturière de la filature
et du tissage. Il ne s'applique donc pas tel que à toutes les industries.

le montant du profit de l'année, et l'on s'expose par là, disent quelques personnes, à nuire au crédit et aux affaires de la maison. En n'arrêtant rien d'avance, en divulguant seulement la somme totale qui est abandonnée au personnel, on évite cet inconvénient (1). Dans certaines situations, il est, sans doute, prudent d'agir ainsi : telles sont les entreprises dont les profits sont très aléatoires, comme cela est le cas pour l'agriculture, par exemple (2). Pourtant, le système du quantum fixe compte beaucoup de partisans parmi les hommes d'expérience, et il semble en effet présenter des avantages sérieux, notamment celui de bien préciser la situation réciproque du patron et des ouvriers, et d'éviter ainsi les suppositions malveillantes, les ferments de doute et de méfiance. Certaines maisons pratiquent une combinaison mixte : elles ne révèlent pas leur quantum, mais il n'en est pas moins fixé d'une manière précise à raison de tant pour tant du profit annuel. L'arbitraire du patron est ainsi écarté en réalité, mais non pas en apparence. Pour prendre un parti à cet égard, il faut se rendre un compte

(1) Exemples : Sachs, produits et engrais chimiques, Aubervilliers (Seine) ; Société anonyme de tissus de laine des Vosges, au Thilot et à Trougemont ; Thomas frères, imprimeurs, Pontarlier, etc.

(2) Goffinon, domaine de Grésy (Gironde). M. Goffinon nous a déclaré qu'à son avis la fixation préalable du quantum a suffi pour faire échouer plusieurs essais de participation agricole.

exact de l'état des relations entre la direction et
le personnel. Quand elles sont établies depuis
longtemps sur un pied de confiance et d'affection,
il est assez facile de combiner les choses d'une
manière secrète. Autrement, mieux vaut agir ou-
vertement. On peut toujours prendre certaines
précautions efficaces pour parer aux inconvénients
de révélations inopportunes, nous reviendrons
bientôt sur ce sujet. D'ailleurs il a été affirmé à
bien des reprises, par des praticiens dignes de
toute confiance, que la publicité présente beaucoup
plus d'avantages que d'inconvénients, en règle
générale, pour une maison dont les opérations
sont parfaitement régulières et loyales.

On a fait remarquer encore que, à défaut de
quantum fixé d'avance, la participation n'est pas
le résultat d'un contrat, le patron restant libre de
donner ou de refuser, selon son plein gré. La
fixation d'un quantum aurait, au contraire, pour
effet de préciser le contrat tacite entre le patron
et son personnel, en constituant un engagement
formel. Nous avons étudié déjà la nature juridique
du système, et nous n'insisterons pas ici sur cette
distinction un peu byzantine. Observons seulement
que le patron qui a promis une participation quelconque à ses ouvriers ne manquera pas de la leur
donner, s'il est honnête; sinon, il trouvera assez
facilement le moyen de réduire leur part, le quantum en fût-il fixé d'avance.

Quel que soit le mode de fixation adopté, le quantum de la participation dépendra toujours des éléments suivants :

1° De l'importance du rôle du personnel, comparé à celui de la direction;

2° De l'importance du capital engagé;

3° De l'intensité du risque de perte propre à l'entreprise.

Il est évident en effet que, là où les aptitudes et l'activité de la direction ont une action prédominante sur le résultat, sa part dans le profit doit être plus large que dans une affaire où la main-d'œuvre joue le premier rôle. On ne saurait comparer justement, par exemple, une maison de commerce et une entreprise de peinture en bâtiments; une banque et un atelier de constructions mécaniques ; une exploitation agricole et une filature. De même, lorsque de gros capitaux fixes ou roulants sont nécessaires pour faire marcher une industrie, leur rémunération laissera moins de marge au profit. Enfin les risques de perte varient en intensité avec les industries, et dans chacune avec les établissements, selon qu'ils sont plus ou moins bien situés, organisés, dirigés et achalandés. Il va de soi encore que, plus le risque est grand, plus il faut prendre sur le bénéfice pour l'amortir.

On doit encore se demander sur quelle base

13*

sera calculé le quantum de tant pour cent, révélé ou non, que le patron a décidé d'attribuer à son personnel. La pratique nous révèle toute une série de combinaisons, plus ou moins compliquées, et qui s'adaptent d'une manière inégale aux différents types d'entreprise. Ainsi, on a basé le quantum sur :

Le chiffre net du bénéfice annuel : Le quantum est alors fixé à 5, 10, 15, 20, ..., 0/0 du profit net (1). Il est parfois difficile d'apprécier exactement ce profit, à cause de l'incertitude de divers éléments, de la prolongation de certaines affaires d'un exercice sur l'autre, etc. Mais il ne faut pas se soucier outre mesure de ce défaut d'exactitude mathématique. Les inégalités se compensent plus ou moins avec le temps.

Le produit brut annuel : Ce mode de calcul est rare, probablement parce qu'il laisse place à beaucoup d'incertitude sur le résultat définitif, c'est-à-dire sur le montant du bénéfice.

Le chiffre total des affaires faites pendant l'exercice (2) : Un tel procédé ne convient que dans les entreprises où les affaires donnent à coup sûr un profit, sinon on risquerait d'ajouter purement et simplement le montant de la participation à la perte subie par le fait d'une mauvaise année.

(1) Laroche-Joubert, papeteries d'Angoulème; Redouly et Cie, peinture et vitrerie ; etc., etc.
(2) Imprimerie Aubert, Versailles.

*Le montant des ventes réalisées d'un inventaire
à l'autre :* Ce système est pratiqué dans certaines
industries où le prix de vente n'est guère sujet à
variations, comme cela est le cas pour les éditeurs-
libraires (1), au moins dans certaines spécialités.

*Les efforts réalisés spontanément par le person-
nel en matière de prévoyance :* Quelques maisons
ont eu l'idée d'abandonner à leurs ouvriers une
part de profit proportionnelle aux sommes consacrées par eux à des placements de prévoyance.
Ainsi, l'une d'elles recevait en compte courant
les épargnes de son personnel en leur attribuant un intérêt de 5 0/0 l'an, taux minimum. Si la somme économisée dépassait un
chiffre donné, l'intérêt servi était augmenté, de
1 0/0 par exemple ; au-delà d'une seconde limite,
la bonification allait à 3 0/0, etc., si bien que les
ouvriers les plus économes pouvaient tirer de leur
réserve un intérêt allant à 10 ou 15 0/0. Ce procédé est ingénieux, mais il peut pousser à la
fraude en inspirant aux participants l'idée d'emprunter dans une certaine mesure pour constituer
un semblant d'épargne et jouir ainsi d'une gratification usurpée. Des individus étrangers à la
maison pourraient aussi faire usage de cette trom-
perie en partageant le profit avec des employés ou
ouvriers indélicats.

(1) G. Masson, éditeur, à Paris; Mame et fils, éditeurs, à Tours.

Dans certaines maisons on est allé jusqu'à assimiler les salaires à un capital engagé, et on a partagé le profit au prorata du capital patronal et du capital ouvrier cumulés. Ce procédé est sujet à critique en principe, car la situation réciproque des deux fonds n'est pas la même. Pourtant, il faut dire que, dans la pratique, il a parfaitement réussi à diverses reprises (1).

En résumé, si l'on veut faire de la participation un instrument complet de patronage, il convient d'en fixer le quantum de telle sorte qu'elle atteigne à peu près 10 0/0 du salaire annuel. Au dessous, elle ne représente plus qu'une mesure encore très utile, mais incomplète, à moins que des institutions de prévoyance n'existent déjà grâce à l'appui des subventions patronales, ce qui constitue, en définitive, une participation indirecte (2). Il vaut mieux, sauf exception justifiée, établir un quantum fixe connu du personnel, qui ne laisse aucune place à l'arbitraire. Enfin ce quantum sera déterminé, selon la nature et la

(1) Dequenne et Cⁱᵉ, articles de chauffage, à Guise ; Deberny (Tuleu, successeur), fonderie de caractères, à Paris.

(2) En Angleterre, d'après une enquête faite en 1894 par M. D. Schloss, la répartition aurait donné, année moyenne, dans 83 maisons pratiquant la participation :

Dans 31 cas, 5 0/0 des salaires au moins ;

Dans 38 cas, 3 0/0 des salaires et au dessous ;

Dans les autres cas, entre 3 et 5 0/0. La moyenne serait, pour les 83 cas, de 4,4 0/0.

Il est bon de noter que, depuis dix ans, l'industrie anglaise a eu à traverser une crise de dépression assez forte.

situation de l'entreprise, en proportions du profit net, ou du chiffre des affaires, ou de celui des ventes réalisées au cours de l'exercice. Telles sont les solutions qui nous paraissent les plus simples et les plus logiques, au moins pour la majorité des cas.

Beaucoup de patrons, qui ne voient dans la participation qu'un acte de générosité pure et simple, ne peuvent admettre même l'idée d'un contrôle exercé par le personnel sur leurs actes. Il est évident qu'ils exagèrent dans leur esprit le sens des mots et la portée de la chose. D'abord, il ne s'agit en aucune façon de leur imposer une surveillance s'étendant à tous leurs actes et ex ercée forcément par leurs subordonnés. S'il est un principe reconnu par tout le monde, et que l'on puisse déclarer inattaquable, intangible, c'est celui-ci : *l'autorité du patron doit rester intacte dans son établissement.* Cela est si évident que tout système capable d'ébranler cette autorité serait aussitôt condamné par l'expérience de tous les temps et de toutes les variétés d'entreprises. Il ne peut donc pas être question d'introduire, avec la participation, un genre de contrôle qui serait en fait un instrument d'anarchie et de ruine. Si l'on recommande le contrôle, c'est uniquement au point de vue très spécial de l'exécution loyale des promesses faites au personnel. Il s'agit donc d'une simple vérification annuelle de comptabilité, faite soit par une délégation des employés et ouvriers, soit, si l'on craint des indiscrétions gênantes, par un expert désigné d'un commun accord. Réduite à ces proportions, la surveillance ne saurait avoir, au point de vue de l'autorité patronale, les funestes effets que l'on redoute à juste titre.

On a dit à ce sujet que l'organisation du contrôle était un élément nécessaire pour parfaire le contrat de participation. Cette opinion nous semble erronée. La promesse faite par le patron l'engage d'une manière précise et, même à défaut de tout contrôle, constitue vis-à-vis de lui un contrat verbal basé sur la confiance qu'il inspire à ses subordonnés. Il doit donc en tous cas l'exécuter, à moins que le profit ne fasse défaut, ou que par une fraude coupable il ne le dissimule pour se soustraire à l'obligation qu'il a volontairement contractée. Les tribunaux se sont souvent prononcés dans ce sens, non pas, il est vrai, dans des cas de participation ouvrière ; il s'agissait d'employés intéressés, auxquels on a reconnu le droit de participation et de contrôle, même à défaut de stipulations écrites. C'est précisément pour éviter les soupçons et les difficultés de ce genre que l'on conseille aux patrons d'admettre, ou plutôt d'appeler le contrôle, en l'organisant sur une base

propre à inspirer toute confiance aux intéressés,
en prévenant les indiscrétions. La pratique en-
seigne du reste que presque toujours la confiance
du personnel court pour ainsi dire au-devant des
avances du patron, au point que ses offres de
contrôle sont unanimement repoussées. Mieux vaut
pourtant persévérer dans cette voie, qui ne laisse
aucune prise au doute et à la calomnie. Du reste,
répétons-le bien, il n'est aucunement nécessaire
d'admettre l'immixtion du personnel dans les
écritures de la maison. Employés et ouvriers se
rendent parfaitement compte de leur incompétence
et de l'impossibilité d'un contrôle direct(1). Tant
qu'ils sentent régner autour d'eux la régularité et
la loyauté, il suffit de peu pour leur donner la
plus entière sécurité. Dans une maison qui possède une bonne comptabilité, qui fait des inven-
taires réguliers sur une base fixe, où l'on établit
avec précision les droits de chacun, où un expert,
enfin, est appelé chaque année à examiner les
comptes et à en prononcer la conformité avec les
engagements pris, les contestations deviennent
impossibles. Si, du reste, le personnel est amené
à constater, non pas même en ce qui le concerne,
mais vis-à-vis de la clientèle, l'existence d'agissements déloyaux, il sera tout naturellement amené à

(1) Il est bon de rappeler en passant que ce contrôle direct existe
déjà, dans une grande mesure, par le fait que les écritures sont
tenues par des employés participants.

se méfier pour ses propres intérêts, et à douter de tout ce qu'il ne pourra pas vérifier par lui-même. On ébranle difficilement la confiance bien établie ; confiance ébranlée ne se rétablit jamais complètement.

En définitive, nous observons dans la pratique que le contrôle doit être prévu, au moins à titre facultatif, pour être exercé sur la demande des participants. Il est bon de confier ce contrôle à un expert choisi hors de la maison, par les participants, sur une liste dressée ou agréée par le patron. Le contrôle se borne à l'examen des comptes, après inventaire, afin de constater s'ils sont sincères et conformes aux conditions fixées pour la participation ; le résultat de cet examen doit être communiqué en une simple formule d'approbation, lorsque tout a été trouvé ou mis en règle. En dehors de cela, personne ne peut s'ingérer dans la direction, ou s'arroger le droit de critiquer ou de discuter les ordres reçus.

Cette question nous amène à toucher sommairement un autre point connexe, qui offre aussi un grand intérêt. Beaucoup de patrons ont l'intelligence assez ouverte et le bon sens assez clair pour comprendre les secours qu'ils peuvent tirer de la collaboration intellectuelle de leurs ouvriers. Ils consultent les plus intelligents, les plus expé-

rimentés d'entre eux, et profitent de leurs avis.
Quelques-uns même forment des comités qui ren-
forcent l'état-major de l'établissement, attachent
plus fortement à la maison l'élite de son personnel, et deviennent un élément de perfectionnement, d'émulation et d'instruction professionnelle (1). Tout le monde profite de cette combinaison :
le patron, qui en tire des indications utiles ; les
ouvriers, qui s'initient aux difficultés de la direction et apprennent à mieux connaître la valeur
et les mérites de ceux qui en ont la charge. Or
le système des comités peut être aussi très utilement adapté à la gestion de la participation. Souvent un comité consultatif est adjoint dans ce but
au patron. Pour la désignation des commissaires,
on emploie plusieurs procédés. Parfois le patron
les désigne tous ; ailleurs il en choisit quelques-
uns et appelle le personnel à élire les autres, ou
prend les plus anciens serviteurs de l'établissement ; on rencontre encore des maisons où le
choix, l'élection et l'ancienneté concourent à la
fois au choix des délégués. Dans tous les cas le
résultat final a été reconnu excellent et il mérite
d'être recommandé.

(1) Tuleu (ancienne maison Deberny), fonderie de caractères,
Paris ; imprimerie Chaix et Cⁱᵉ, Paris ; Gounouilhou, imprimeur, Bordeaux ; Gaiffe, instruments de précision, Paris ; Caillard frères, constructeurs-mécaniciens, Le Havre ; Société de
tissus de laine des Vosges, au Thilot ; etc. ; Goffinon, domaine de
Grésy, Gironde ; etc.

V

Le montant du fonds de participation une fois fixé, il faut le répartir entre les parties prenantes. Quel système choisira-t-on pour opérer cette répartition ? Ici encore, nous voyons surgir plus d'une question délicate.

D'abord, quel sera le principe de la répartition ? Reposera-t-elle sur l'idée simple de l'égalité des parts, ou sur un système complexe impliquant une proportionnalité de la participation avec un élément préexistant ? Pour justifier l'égalité, on a dit que, la participation aux bénéfices étant établie en faveur du travail pris comme élément de la production, chaque travailleur doit être considéré comme possédant un droit égal sur la somme à répartir. C'est là de la théorie pure. Dans la réalité des faits on observe entre les hommes des différences, naturelles ou non, qui sont autant de causes d'inégalité. Le sexe, l'âge, la vigueur corporelle, l'intelligence, l'habileté de main, l'éducation, l'instruction, le caractère, les besoins, les habitudes, sont choses différentes parmi les individus qui composent le personnel d'une entreprise. Il en résulte que, si tel employé ou ouvrier a rendu, dans le courant de l'année, d'éminents services et contribué à constituer ou à grossir le profit, cet autre a plutôt causé des pertes. En attribuant à ces deux agents des parts égales, on, commettrait une évidente injustice. C'est ce qui faisait dire à un éminent patron américain, M. Dolge, en 1889 : « La participation égale est injuste en raison de la grande différence de travail utile produit par un homme intelligent, robuste, attentif et dévoué, et de celui d'un indifférent. Celui qui travaille des mains, de la tête et du cœur a plus de droits que celui qui ne travaille que des mains. » Dans le même sens un ingénieur français, M. Portevin, écrivait, à l'occasion du Congrès de la Participation tenu à Paris en 1889 : « J'ai vu sur un même tissu (mérinos simple de qualité ordinaire) deux ouvriers produire, l'un 40.000 duites par jour en conduisant un seul métier, l'autre 95.000 duites par métier et par jour, en conduisant deux métiers. Des écarts aussi grands sont exceptionnels, je l'avoue, mais il n'est pas rare de voir des différences de 40 0/0 d'un ouvrier à l'autre. » Il est évident que l'on pourrait citer des exemples analogues pour toutes les industries, et cela justifie amplement le système de la proportionnalité des parts, qui est préféré par presque tous les patrons participationnistes.

Cela posé, on doit se demander sur quelle base la proportionnalité sera établie. La pratique nous révèle à ce sujet un bon nombre de procédés, les uns fort simples, d'autres plus compliqués et parfois fort ingénieux. Nous allons les énumérer et les apprécier en même temps.

1° *La répartition est proportionnelle en principe, mais sans intervention d'une règle fixe*, le patron restant libre d'apprécier à son gré les causes d'inégalité qui se manifestent entre les participants (1). Ce système peut séduire au premier abord, à cause de la faculté de récompenser qu'il laisse à la direction, et de l'émulation que l'on prévoit comme conséquence. Mais, dans la pratique, il expose à bien des inconvénients graves. Une erreur d'appréciation suffirait pour donner à tout un atelier le sentiment et la crainte de l'injustice. Le patron qui s'arrête à cette combinaison s'impose une responsabilité et une surveillance qui peuvent devenir lourdes si l'établissement est tant soit peu considérable. Mieux vaut alors établir un système appuyé sur des données précises, connues d'avance, dont l'application ne peut donner lieu à doute et à contestation.

(1) Boivin, passementerie, à Paris ; Société anonyme de tissus de laine des Vosges, au Thilot ; Sachs, produits et engrais chimiques, à Aubervilliers ; Goffinon, domaine de Grésy (Gironde); Gillet et fils, teinturerie de soie, Lyon.

2° *La répartition est faite au prorata du salaire total reçu par le participant.* — Voici précisément une base très simple et très rigoureuse, qui a tenté par ces qualités mêmes beaucoup de patrons (1). Comme le salaire est dans beaucoup de cas proportionnel au mérite, il en résulte que, fréquemment, la participation se trouve ainsi, par le fait d'un calcul mathématique, appelée à agir dans une certaine mesure comme récompense, puisque les meilleurs ouvriers, étant les mieux payés, reçoivent aussi une part plus forte que celle des autres. Cela se produit en effet souvent, mais les exceptions sont nombreuses. Dans un même atelier, on peut rencontrer des hommes payés à la journée, dont le salaire moyen est inférieur à celui de quelques camarades payés à la tâche, lesquels sous plusieurs rapports méritent moins d'être récompensés que les premiers. On peut donc dire que ce procédé est un peu absolu dans l'application, et qu'il est sage parfois de l'atténuer par l'adjonction d'un autre élément. Quelques patrons ont cherché à obtenir le même résultat par des calculs destinés à compenser les inégalités trop fortes. Certains, par exemple, considèrent le travail comme le produit d'un capital, dont on obtient le

(1) Redouly et Cᵢᵉ, peinture et vitrerie, Paris ; Bord, fab. de pianos, Paris ; Abadie et Cᵢᵉ, papeterie au Theil (Orne) ; Caillard frères, constructeurs-mécaniciens, au Havre ; Piat, fondeur, à Paris ; Compagnie de Fives-Lille ; Renard, Villet et Bunand, teinturerie de soie, Lyon ; etc., etc.

chiffre en multipliant chaque somme individuelle
de salaire par un coefficient ou denier déterminé.
Les salaires se trouvent par là capitalisés au denier
4, ou 5, ou 6, etc., etc., et c'est sur la base de ce
capital fictif que se fait la répartition. On peut
arriver par là, peut-être, à un degré d'appréciation
plus exact; reste à savoir si l'avantage réussit à
compenser les inconvénients de ces procédés un
peu subtils (1).

3° *La répartition est proportionnelle au salaire et
à l'ancienneté.* — Cette combinaison (2) a surtout
pour but de donner une prime à la stabilité, chose
à laquelle tout patron tient beaucoup, pour
des raisons si évidentes qu'il est inutile de les
énumérer ici. L'inconvénient réside en ceci, que
l'élément mérite n'est pas pris directement en considération et reste souvent sans récompense. On en
peut dire autant du système qui consiste à remplacer
l'ancienneté par le grade. Sans doute, les ouvriers
de première classe, les chefs d'atelier, les contremaîtres, doivent en général leur position à leur
ancienneté combinée avec leur mérite, et il est

(1) Chez M. O. Nelson, fondeur en cuivre, à Saint-Louis (Missouri), les salaires sont assimilés au capital engagé et reçoivent
le même dividende 0/0; voir aussi: Dorgé, tannerie, Coulommiers.
(2) Thomas frères, imprimeurs, Pontarlier.

juste d'en tenir compte. Mais il y a intérêt également à exciter l'émulation chez l'ouvrier ordinaire,
en le récompensant dès qu'il manifeste des qualités utiles. Nous ferons la même observation pour
les cas où l'on prend comme bases d'appréciation
l'ancienneté et le grade seulement, ou bien encore
le salaire, l'ancienneté et le grade.

On a imaginé diverses applications intéressantes
de la combinaison de ces deux termes : salaire et
ancienneté. Ainsi, nous trouvons dans la pratique
les types suivants, dans lesquels la somme à répartir est ainsi attribuée :

a) Au salaire, 75 0/0 ; à l'ancienneté et comme
prime supplémentaire, 25 0/0 ;

b) Au salaire, tant 0/0 avec accroissement pour
des périodes successives de présence. Ainsi, on
touchera, pendant les cinq premières années : 3 0/0 ;
de six à dix ans : 4 0/0 ; de onze à quinze ans :
5 0/0 ; etc.

c) Au salaire, avec augmentation d'année en
année. Ainsi : première année : 0 ; deuxième année :
2 0/0 ; troisième annnée : 4 0/0 ; quatrième année :
6 0/0 ; etc., etc. ;

d) Au salaire, mais en y ajoutant un surplus
croissant avec le temps de présence. Ainsi, jusqu'à
cinq ans, il est attribué 2 0/0 du salaire réel ;
de cinq à dix ans, 2 0/0 du salaire augmenté
de 1/4 ; de dix à quinze ans, 2 0/0 du salaire augmenté de 1/2 ; etc., etc. ;

e) Au salaire : 50 0/0 ; le surplus est réparti au prorata des journées de présence effective fournies par chaque ouvrier ;

f) Au salaire, auquel on ajoute les sommes précédemment réparties, de telle sorte que plus un ouvrier est ancien, plus sa part annuelle est forte.

4° *La répartition est faite en proportion de la production individuelle.* — Ce mode présente deux inconvénients. D'abord, il n'est pas praticable partout. Ensuite et principalement, il a le défaut de pousser l'ouvrier à une rapidité de production excessive, qui entraîne beaucoup de malfaçons, voire même une imperfection générale des produits qui nuit à leur renommée. En même temps, le personnel est excité à se surmener au détriment de lui-même, d'abord, du patron aussi, qui perd toujours, en définitive, à une mauvaise organisation du travail, enfin de la société, qui voit tomber à sa charge les victimes d'une invalidité prématurée. En d'autres termes, on revient par là, dans une certaine mesure et par une autre voie, au système des primes ou sursalaires, dont nous avons signalé déjà les inconvénients.

On a cherché à pallier les défectuosités de ce système en le combinant soit avec l'ancienneté seule, soit en outre avec le mérite (1). Mais cela ne

(1) Véron, Vilain et Cⁱᵉ, filature, à Reims.

14

fait pas disparaître le défaut fondamental, qui produit le surmenage de l'ouvrier.

Sans doute, on peut rencontrer des situations très spéciales où une telle combinaison convient et donne des résultats satisfaisants, mais nous ne croyons pas que le cas soit fréquent.

5° *La répartition est subordonnée aux efforts personnels des ouvriers dans la prévoyance.* — Nous avons cité déjà le cas d'une maison anglaise qui recevait en compte courant les dépôts de ses ouvriers et leur servait un intérêt d'autant plus élevé que ces dépôts étaient plus considérables. Cette manière de faire est fondée sur cette idée juste, que l'ouvrier capitaliste et dressé à l'épargne possédera moyennement la plupart des qualités sociales et techniques que l'on peut désirer. Pourtant on s'aperçoit bientôt qu'elle présente de graves chances d'erreur. Un excellent et digne ouvrier est parfois totalement empêché d'économiser par des charges ou des malheurs de famille ; la participation pourrait lui être d'un précieux secours, il mérite à tous égards d'en bénéficier, et précisément c'est à lui qu'on la refuse, tandis qu'un camarade sans devoirs et sans conduite est admis à en profiter peut-être en usant de fraude, c'est-à-dire en déposant chez son patron des fonds empruntés. Cela suffit pour démontrer l'insuffisance d'une telle base.

6° *La répartition est établie d'après une triple proportion basée sur le salaire, l'ancienneté et le mérite.* — Cette combinaison nous paraît la meilleure et la plus sûre, parce qu'elle tient compte de tous les éléments qui font le bon ouvrier, sans exclure personne. C'est celle qui présente la meilleure chance de récompenser chacun selon ses œuvres. En effet, le salaire est l'indice de la qualité technique et de l'assiduité de l'ouvrier; l'ancienneté est un gage de fidélité à l'atelier; le mérite personnel donne à la main-d'œuvre une valeur spéciale. L'assiduité facilite la répartition du travail, si bien que chaque tâche se fait au bon moment, sans à-coups et sans perte de temps, la fabrication est meilleure, les produits se vendent mieux; les ouvriers anciens ont prouvé leur attachement à la maison : ils sont presque toujours plus attentifs, plus soigneux, plus économes des outils et des matières, plus désireux de bien faire, qu'un ouvrier de passage; ils ont l'esprit de corps, l'orgueil de leur établissement; enfin le mérite personnel, qui est fait d'intelligence, d'habileté technique, d'application, de conscience, de dévouement, est une cause certaine de profits supplémentaires.

D'une manière générale, il est donc utile et juste
de reconnaître tous ces éléments et d'en tenir
compte dans la répartition des bénéfices. Le seul
inconvénient réside en ceci, que le procédé entraîne
une certaine complication dans l'agencement et la
marche de la participation ; mais l'obstacle n'est
pas insurmontable, tant s'en faut. En effet, sur les
trois bases à considérer, deux, les salaires et l'ancienneté, sont mathématiques et ne donnent lieu
à aucune difficulté. Ainsi, on pourra diviser la
somme à répartir en trois portions, savoir :

50 0/0 à distribuer au prorata des salaires ;

25 0/0 à distribuer en primes à l'ancienneté, à
raison de tant par année ou par période de présence ;

25 0/0 à distribuer en primes au mérite.

Ce dernier terme est le seul difficile à établir
rigoureusement, parce qu'il comporte un coefficient
d'appréciation. Dans la pratique, on emploie divers
procédés plus ou moins exacts, que nous résumons ainsi :

a) Les primes sont fixes d'après des notes attri-
buées aux ouvriers par le patron seul ;

b) Ces notes sont établies par le patron d'une
part, les contremaîtres et chefs d'atelier d'autre
part, et l'on prend la moyenne ;

c) Ces notes résultent d'observations régulières
faites sur l'assiduité de l'ouvrier, sur la quantité
et la qualité du travail fourni.

La manière d'apprécier les notes, de les combiner, peut varier beaucoup selon la nature de
l'établissement. L'important est de trouver une
combinaison aussi exacte et aussi équitable que possible. D'ailleurs, malgré toutes les précautions
prises, il restera toujours à l'arbitraire une part
assez grande. Pour pallier les difficultés qui
peuvent résulter de ce chef, certains patrons ont
admis l'ouvrier à réclamer lorsqu'il se croit lésé
par la répartition. En prenant des précautions
appropriées, on trouve peu d'inconvénients à agir
de la sorte, et on enlève à peu près tout prétexte
au mécontentement et à la crainte de l'injustice.
Du reste, dans toute affaire conduite avec bonne
foi et équité, bien surveillée par un patron éclairé,
les choses s'arrangent bientôt par la pratique, les
idées se forment, les préjugés s'affaiblissent ou
disparaissent, les coutumes s'établissent, et la participation fonctionne avec une régularité en
quelque sorte mécanique. Elle devient un organe
essentiel de l'établissement.

Il arrive assez fréquemment que, dans une
même entreprise, les divers ateliers concourent
d'une façon très inégale à la production et à la
réalisation du profit. La conséquence de ce fait, au
point de vue de la participation, est une mauvaise
répartition, puisque tel atelier qui a donné peu
de bénéfices reçoit autant que tel autre dont le
produit a été considérable. Dans le but de pour-

14*

voir à cette difficulté, plusieurs maisons ont organisé la participation par atelier, ou plutôt par
service. Dans ce but on a commencé par donner
à chacun des services une autonomie comptable
absolue, en ce sens que tout ce qui passe de l'un
à l'autre est inscrit par débit et crédit. A la fin de
l'exercice, on s'applique à déterminer aussi exactement que possible les résultats obtenus dans les
diverses subdivisions, et le profit, s'il existe, est
réparti, dans chacune d'elles d'après un quantum répondant à sa nature, entre les employés
et les ouvriers qui lui appartiennent. Tel est
le cas notamment dans la maison Laroche-
Joubert et Cie, d'Angoulême. On a objecté contre
ce système qu'il constitue une cause de grande
complication des écritures et de difficultés pratiques
graves. M. Laroche-Joubert a affirmé à plusieurs
reprises qu'il n'en était rien, que la comptabilité
se faisait avec beaucoup de simplicité, et que le
système ne donnait que de bons résultats. Il est
d'ailleurs évident que ce régime ne conviendrait pas
à toutes les entreprises indistinctement. Seules,
de grandes maisons, comportant des services très
distincts, peuvent en tirer bon parti, et à ce titre
nous ne pouvions nous dispenser de le signaler (1).

Une autre question, très importante aussi, se

---

(1) Autre exemple : Compagnie d'assurances « l'Union » (participation calculée pour chaque agence locale, dans le but de
pousser séparément les agents à contrôler mieux les risques).

rattache à celle de la répartition : il s'agit de savoir s'il est utile de prélever sur le fonds annuel de participation une somme destinée à alimenter une réserve. Cette réserve, une fois constituée, peut servir à plusieurs fins, toutefois ; son but principal doit être de pourvoir aux mauvaises années. Il arrive en effet trop souvent, dans certaines branches d'affaires, qu'un exercice reste sans bénéfice, ou laisse même une perte. De là résultent plusieurs inconvénients. Tantôt on redoute d'avouer cette situation fâcheuse ; dans d'autres cas, la direction craint l'effet que produira sur l'esprit des ouvriers l'absence de toute répartition. L'expérience a montré, toutefois, que dans la plupart des cas le personnel sait parfaitement se rendre compte des choses et accepte sans hésiter les motifs indiqués par le patron. Mais, d'autre part, la suspension complète de la répartition devient préjudiciable lorsqu'elle pourvoit, par exemple, au service de primes d'assurance. Il est donc sage de constituer, pendant les bonnes années, une réserve propre à alléger le poids des plus mauvaises. Ce fonds sert encore à couvrir d'autres besoins. On en peut consacrer une partie, ou seulement l'intérêt qu'il produit, à faire aux ouvriers des prêts d'honneur par petites sommes et à court terme, ou bien à accorder des secours extraordinaires, à gratifier les apprentis, les ouvriers temporaires, etc. Toutes les entreprises où l'on a fait l'expérience de cette sorte de fonds de garantie s'en sont bien trouvées (1).

On a dit, à ce propos, qu'il était anormal de distribuer des profits aux ouvriers, lorsque le patron lui-même n'en faisait aucun ou même restait en perte ; que cela devait donner au personnel une idée inexacte des choses et l'inciter à se faire des illusions sur l'état des affaires et sur l'étendue de ses droits. L'objection nous paraît un peu théorique. En fait, la réserve, étant faite de profits prélevés sur la part dévolue au personnel, lui revient tout naturellement sous la forme de versements régulateurs, complémentaires, qui ont leur raison d'être et leur utilité précise. C'est un moyen pratique simple et naturel de prévenir des à-coups fâcheux ou même dangereux. Nous croyons donc que la constitution graduelle d'une réserve est à recommander. Quel sera le montant de cette réserve. Nous l'apprécierions volontiers au chiffre représentant le double de la part moyenne distribuée pendant les années antérieures. Supposons que la répartition totale se soit élevée pour dix ans à 75.000 francs : la somme annuelle moyenne étant de 7.500 francs, le fonds de réserve pourrait être calculé à 15.000 francs ; ce qui permettrait de soutenir la participation, au besoin, pendant plusieurs années successives de perte.

---

(1) Ed. Leclerc, meubles en fer, Saint-Dizier ; Redouly et Cⁱᵉ, peinture et vitrerie, Paris ; Billon et Isaac, boîtes à musique, Genève ; O. Nelson, cuivrerie, Saint-Louis (Missouri) ; etc.

Enfin nous ne pouvons pas clore cette partie de
notre étude sans dire un mot de la participation
aux pertes. Peut-on et doit-on l'imposer comme
un corollaire naturel de la participation aux bénéfices? Évidemment non. Il n'existe à ce point de
vue aucune ressemblance entre la situation du
patron et celle de l'ouvrier. Le patron poursuit
par les affaires un but parfaitement légitime :
son propre enrichissement. Or toute spéculation
est sujette à des risques, et, lorsque la perte
remplace le profit, c'est la réalisation d'un aléa
qu'on a dû prévoir. Pour l'ouvrier, la position est
bien différente. Il n'a droit qu'à la rémunération
de son travail, sans autre risque que celui de
manquer d'occupation. Si le patron lui alloue, en
outre, dans leur intérêt commun, une part de
profit, il n'y a dans ce fait aucune spéculation de
la part de l'ouvrier, et l'aléa doit être limité pour
lui aux variations de ce même profit. Si on allait
jusqu'à mettre à sa charge une portion de perte, ce
serait l'obliger à supporter un risque à découvert,
dans une affaire dont le gouvernement lui échappe
d'une manière absolue. Il y aurait donc, en principe, dans cette mesure, une injuste répartition
des chances.

La participation aux pertes a cependant été
pratiquée, exceptionnellement d'ailleurs. On peut la
concevoir sous deux formes élémentaires. La première (fabrique de porcelaine de Nyon, Suisse)

est la plus nette, la plus absolue, pourrait-on dire. L'entreprise étant constituée par actions, avec participation du personnel dans les bénéfices, le capital versé devait recevoir avant tout un intérêt. Dans le cas où le produit annuel ne suffirait pas pour couvrir cet intérêt, un prélèvement de 5 0/0 sur les salaires devait y pourvoir jusqu'à due concurrence. Ajoutons que ce prélèvement était remboursable au moyen des bénéfices ultérieurs, le cas échéant. Dans ces conditions le personnel avait accepté pleinement le risque à découvert dont nous parlions tout à l'heure.

Dans d'autres établissements on a constitué, par un prélèvement fait avant tout autre sur le bénéfice annuel, un fonds de réserve. En cas de perte, le déficit est comblé en tout ou partie par ce fonds. Dans ce cas, le personnel participe à la formation du fonds de réserve par la réduction proportionnelle de sa part de profit, mais les salaires restent intacts. Cette seconde forme est donc plus juste en principe que la précédente ; elle nous paraît en même temps plus recommandable au point de vue pratique, moins susceptible de susciter parmi les employés et ouvriers des méfiances et des récriminations regrettables.

A côté de ces combinaisons simples, nous pouvons citer à titre de renseignement deux exemples assez curieux de participation aux pertes. Le premier, appliqué chez MM. Véron, Vilain et Cⁱᵉ, fila teurs à Reims, consiste en ceci. Les salaires sont établis sur une base mobile, de manière à les proportionner au prix de vente réalisé par la maison; en cas de hausse, l'ouvrier reçoit immédiatement sa part du profit sous la forme d'une augmentation de paye. La baisse du prix de vente entraîne, au contraire, une réduction correspondante du salaire; il s'ensuit que, si la maison doit vendre avec perte, le personnel en ressent aussitôt le contre-coup par la diminution du prix de son travail. Le système est ingénieux, mais difficile à appliquer si le patron n'a pas affaire à un personnel très sûr, très dévoué et très confiant.

Dans la maison Dorgé, tannerie, à Coulommiers (Seine-et-Marne), les employés et ouvriers sont considérés comme des associés, dont l'apport consiste dans les éléments suivants : 1° le salaire reçu pendant l'exercice; 2° un dépôt de 1.000 francs au moins (qu'on peut verser en dix acomptes annuels de 100 francs), de 5.000 francs au plus. Le profit ou la perte, selon le cas, sont répartis au prorata de tous les capitaux engagés, salaires compris. Cette combinaison peut fort bien donner de bons résultats dans un cas isolé, mais elle est plutôt contraire à la nature des choses. L'ouvrier n'est pas un associé, nous l'avons constaté; son salaire n'est pas un capital ordinaire, et son épargne a pour lui une importance toute particulière, si bien qu'une perte lourde pourrait le plonger dans la

noire misère. Aussi, tout en rendant hommage à
la pensée élevée qui a dicté les dispositions que
nous venons de citer, nous devons déclarer
qu'elles ne semblent pas devoir être recomman-
dées d'une manière générale.

VI

Allouer au personnel d'une entreprise une part
des bénéfices, établir la base de la répartition de
la somme entre les intéressés, cela donne lieu
déjà à des préoccupations graves et à des difficultés. Mais ce n'est pas tout encore. Le patron doit
se demander, en outre, sous quelle forme chaque
partie prenante recevra ce qui lui revient d'après
le tableau de répartition. Au premier abord, on est
tenté de croire qu'il suffit de remettre aux employés et ouvriers, en argent, le montant de leur
participation (1). C'est là en effet la méthode la plus
simple, celle qui exige de la part du patron le
moins de réflexion et de soins. Malheureusement,
elle donne, dans beaucoup de cas, des résultats tels
que la participation devient un danger pour l'entreprise et une cause de ruine pour l'ouvrier lui-
même. Il faut donc chercher autre chose, et du
reste la pratique va nous fournir de nombreuses

. (1) Goget, Perignon et Cⁱᵉ, couverture et plomberie, Paris ; Aubert,
imprimerie, Versailles ; etc.

15

combinaisons propres à éviter ce grave inconvénient.

Cela ne veut pas dire, hâtons-nous de le constater, que le paiement en espèces, même intégral, soit un procédé qu'il faut proscrire d'une manière absolue. Il est, au contraire, des circonstances où ce mode de règlement s'impose. C'est le cas lorsqu'on est en rapport avec un personnel fortement constitué au point de vue social, accoutumé à la prévoyance, à la gestion attentive de ses intérêts, et capable par conséquent de se patronner lui-même dans une large mesure. Cela se rencontre fréquemment parmi les groupes anglo-saxons, et c'est pourquoi il est difficile, en Angleterre et aux États-Unis, d'établir une combinaison autre que celle de la répartition en argent (1). Sans doute, tous

(1) La Compagnie métropolitaine du gaz pour le Sud de Londres a distribué en cinq ans sur ses profits, à son personnel, et payé en espèces : 1.294.450 francs, sur lesquels les employés et ouvriers ont économisé : 1.121.125 francs :

Savoir : en actions de la Compagnie : 321.675 francs pour 331 ouvriers ; en actions de même nature achetées en commun par un syndicat formé par 1.645 ouvriers : 93.000 francs ; en dépôts dans les caisses de la Compagnie : 663.230 francs ; en dépôt dans une société de construction de maisons ouvrières, fondée par la Compagnie : 43.200 francs (Rapport de 1894).

- La même année, M. Schwob, brasseur à Épernay, constatait, en établissant chez lui la participation, qu'aucun de ses ouvriers ne possédait un livret d'épargne, même ceux qui avaient les meilleurs salaires. La plupart se montrèrent indifférents aux livrets de la caisse des retraites qu'on leur remettait. Il y avait là toute une éducation à faire et un grand service à rendre à ces gens. . .

Ce double exemple marque bien la différence des situations et les participants ne font pas de cet argent un très bon usage, mais la majorité sait l'employer avec discernement. Dans ces conditions, mieux vaut laisser à l'initiative individuelle tout son ressort et toute son action, dût-on voir se produire sur l'ensemble un certain déchet, dont l'influence est faible et, par conséquent, négligeable.

Mais dans beaucoup de milieux l'éducation sociale n'est pas arrivée, tant s'en faut, à ce degré de solidité. Les familles ouvrières sont assez rarement dressées à la prévoyance. La participation en espèces ne réussit, en général, qu'à enrichir leur budget d'un supplément bientôt dissipé, qui les incite même au désordre, à l'oubli de leurs devoirs, à une prodigalité à laquelle leur salaire ne suffit plus. Pour un ouvrier qui économise sagement cette aubaine, pour quelques autres qui l'utilisent en satisfaisant à des besoins réels, cinquante s'empressent d'améliorer pour un temps leur vie matérielle, en se créant des besoins factices qui en feront finalement des mécontents. D'autres encore tombent dans la débauche. Ce n'est pas tout : le paiement en espèces fait à des hommes peu capables de raisonner et d'apprécier présente ce danger qu'à leurs yeux le produit de la participation devient un élément du salaire, une sorte de

---

la nécessité d'appliquer des procédés divers, répondant à l'état réel des choses dans chaque cas. ..

haute paie ou de prime, à laquelle ils n'attachent ni
le sens ni la portée qui doivent être ceux d'une
telle institution. Dès lors toute variation de celle-
ci arrivera souvent à produire les mêmes effets
que les mouvements du salaire, c'est-à-dire à amener le mécontentement et la méfiance. Du reste,
ces effets peuvent aisément se tourner contre
l'ouvrier lui-même ; ainsi, le patron profitera de la
participation pour abaisser le taux des salaires, ou
bien la main-d'œuvre s'offrira au rabais dans l'espoir de trouver une compensation dans le produit
de la participation. Tout cela aboutit en définitive
au même résultat, c'est-à-dire à l'annulation des influences sociales et économiques favorables que l'on
attend de la participation. C'est ce qui faisait dire à
Engel-Dollfus, ce généreux esprit que nous aimons
à citer : « Puiser à une source unique, celle des
bénéfices par exemple, déterminer la part à faire à
la collaboration et en régler simplement la répartition en bloc, sans en assurer en même temps le
remploi, ce serait faire fausse route et introduire
dans le patronage industriel une espèce de laisser-
faire, laisser-passer, qui séduirait peut-être l'ouvrier
par l'appât d'une jouissance libre et immédiate,
mais qui ne saurait en aucune façon remplacer
la prévoyance et assurer le sort de ceux qui ont
besoin d'aide et de protection. » Ajoutons qu'au
Congrès de 1889 la répartition en espèces a été
combattue par plusieurs patrons, qui ont cité des

exemples concluants en faveur de leur opinion.
Il faut, disait-on, diriger l'ouvrier vers l'amélioration graduelle du sort de la famille, l'habituer
aux idées de prévoyance, lui ouvrir l'accès du capital, plutôt que de favoriser son goût trop fréquent
pour la jouissance immédiate.

Avant de choisir un procédé, il faut donc apprécier exactement l'état du personnel à ce point de
vue, et, s'il paraît incapable de faire, dans la règle,
un bon usage de sa part de bénéfices, mieux vaut
prendre une autre méthode, susceptible de parer
aux inconvénients que nous venons de signaler,
et en même temps de contribuer à améliorer la formation sociale, l'éducation des familles ouvrières.
Tout le monde, patrons et ouvriers, gagnera à
cette combinaison. Nous allons voir, du reste,
qu'il est facile de graduer les dispositions selon
le degré d'avancement, de force, de cette même
éducation (1).

Les personnes qui préconisent la répartition
en espèces s'appuient tout spécialement sur ce
motif qu'il est nécessaire d'intéresser directement,
matériellement, pour ainsi dire, l'ouvrier à la participation, en lui en assurant la jouissance immédiate. Il est sûr que c'est une grave difficulté de

_____

(1) Chez M. Dognin, tulles et dentelles, à Lyon, la répartition se
fait en espèces ou en livrets d'épargne, au choix des intéressés,
et le patron opère la remise des parts solennellement, dans l'hô-
tel même de la Caisse d'épargne. Voilà un exemple curieux d'effort éducateur chez le patron.

faire comprendre à un homme imprévoyant, et souvent avide de jouir, qu'il est meilleur pour lui de renvoyer à un avenir lointain et chanceux un profit qui pourrait lui procurer sur-le-champ des commodités ou des plaisirs dont il est privé. La nécessité d'attendre peut fort bien lui faire considérer le système comme peu utile et le détourner de faire le moindre effort pour en faciliter l'application et en augmenter l'efficacité. C'est pour éviter cet inconvénient, tout en créant un fonds de prévoyance, que quelques patrons ont pris le parti de distribuer en espèces une portion de la somme annuelle attribuée aux participants : le quart, le tiers, la moitié, le surplus devant être capitalisé pour les secours et les retraites (1). Ce procédé mixte a rarement donné de bons résultats. La somme distribuée en espèces était le plus souvent si modeste, que les participants la dissipaient généralement en un seul jour, parfois même hors de leurs familles. On nuisait au présent en facilitant ces désordres, à l'avenir en réduisant les ressources de la vieillesse. Le mauvais côté d'une pareille combinaison était si sensible qu'elle a été supprimée dans plusieurs maisons après quelques années de fonctionnement (2).

(1) Imprimerie-librairie Mame, à Tours ; Société anonyme de tissus de laine des Vosges, au Thilot et Trougemont, etc.
(2) Imprimerie Chaix et Cⁱᵉ, Paris, etc. On trouve même des maisons où cette transformation a eu lieu sur la demande formelle

Passons maintenant, pour la facilité de la démonstration, à un système entièrement opposé, à celui qui refuse au participant toute jouissance avant l'âge de la retraite. Il est appliqué de diverses manières. D'abord, et d'une façon générale, la participation peut être collective ou individuelle. Dans le premier cas, la part de profits attribuée au personnel est consacrée en bloc à alimenter des institutions de prévoyance dont les participants jouissent en commun. Cette forme est préférée quand les parts individuelles sont trop faibles pour donner à l'ouvrier l'impression qu'on lui prépare un patrimoine sérieux. Il se constitue ainsi une sorte de tontine dont les effets sont importants, bien que la somme moyenne par tête soit minime. Dans plusieurs grands établissements on est parvenu par ce moyen à créer des caisses de secours en cas de maladie, de chômage, pour les femmes en couches, pour les veuves et orphelins, et en outre une caisse de retraites, sans parler des prêts pour achats de maisons, et autres services analogues (1). On voit combien de services

---

des ouvriers, par exemple chez M. Piguet, mécanicien, Lyon-Vaise, en 1889.

(1) C'est le système appliqué, depuis bien des années, par les grands établissements alsaciens de Mulhouse, notamment chez MM. Dolfus, Mieg et Cⁱᵉ, filatures, etc., à Mulhouse, Dornach et Belfort. Voir aussi : Teinturerie et blanchisserie de Thaon (Vosges); Scheurer, Rott et Cⁱᵉ, imprimeurs sur étoffes, Thann (Alsace) ; etc.. MM. Seydoux, Sieber et Cⁱᵉ, filature de laines, au Cateau, pratiquent la participation *individuelle* pour leurs employés, et *col-*

on a pu rendre ainsi au personnel ouvrier, quelle
sécurité était assurée aux familles par ce noble patronage basé sur la participation, même lorsque ce
mot n'était pas prononcé. Sans doute, les patrons
qui s'appliquent à créer de telles institutions
doivent s'imposer des travaux et des préoccupations
supplémentaires, mais ils en sont récompensés,
tant au point de vue matériel qu'au point de vue
moral, par les avantages économiques qui résultent
d'une bonne organisation du personnel, et par la
satisfaction intime qu'on ne peut manquer de res-
sentir, en constatant les heureux effets de cette
organisation sur la vie privée des familles ouvrières (1).

Quand la participation doit être individuelle,
sans qu'il y ait toutefois aucune répartition en
espèces avant que le participant ait atteint un
certain âge, ou rempli certaines conditions, on
peut encore choisir entre plusieurs combinaisons,
dont nous empruntons, comme toujours, l'indication à la pratique. La première consiste en ceci :
ouvrir à chaque participant un compte courant,
qui est crédité chaque année des intérêts échus,

---

lective pour leurs ouvriers : l'idée est intéressante. Même système à peu près chez M. Boivin, passementerie, à Paris.

(1) Formulons toutefois ici une réserve. Il est évident que ce
patronage collectif, imposé dans certains cas par les circonstances,
n'offre pas au point de vue de l'éducation sociale, les même avantages que le patronage individuel. On peut du reste atténuer cet
inconvénient, dans la pratique, par une action personnelle suivie
et des mesures complémentaires.

de la part de profits attribuée, etc. L'ouvrier se
trouve par là en possession, à une époque déterminée, d'un capital qui constitue une ressource
pour sa vieillesse et un patrimoine pour sa
famille. Il est bon, dans ce cas, de donner au
titulaire un livret à son nom, mis à jour après
chaque exercice, qui le met en mesure de se
rendre compte à tout instant de son avoir et
des conditions moyennant lesquelles il entrera en
possession. Souvent, au moment où le titulaire du
livret se retire de la vie active, au lieu de lui
remettre son dû en espèces, on constitue à son
profit une rente viagère à capital aliéné, s'il est un
isolé, à capital réservé, s'il a des parents assez
proches pour qu'il s'intéresse à eux. Nous reviendrons du reste tout à l'heure, avec plus de détails,
sur cette question grave du placement des fonds
capitalisés. Mais avant nous devons attirer l'attention sur un fait important. Lorsqu'un établissement
s'applique à constituer à ses ouvriers un fonds
d'épargne capitalisé sur livrets, et dont ils pourront disposer en tout ou partie à une certaine
époque, leur crédit chez les débitants s'accroît au-
delà même de ce qu'ils ont à espérer, et il arrive
que certains d'entre eux se chargent de dettes fort
lourdes. Un imprimeur du canton suisse de Glaris
écrivait à ce propos en 1872 : « Au bout de quatre
années on s'aperçut à divers indices que la *caisse*
(alimentée par une retenue de 5 0/0, des verse-

ments facultatifs et une part des bénéfices, le tout
capitalisé à 4 1/2 0/0) avait tellement développé le
crédit des participants que les aubergistes, les bou-
langers, les bouchers et les autres fournisseurs
leur faisaient, sans réfléchir, les plus fortes avances.
La plupart des membres participants, se fondant
sur la fortune de la caisse, avaient vécu avec si
peu de souci de l'avenir, qu'ils étaient chargés de
plus de dettes qu'autrefois, et que tous les fonds
de l'institution ne suffisaient pas à couvrir ces
dettes. Ainsi, on avait économisé, et on se trouvait
plus pauvre qu'auparavant! » Une mesure prise sans
avoir apprécié auparavant le caractère des individus qu'elle touche peut donc tourner à leur détriment et aussi à celui du patron. On voit encore,
par cet exemple, que la simple capitalisation aboutit parfois au même résultat que la répartition en
espèces.

Au lieu de capitaliser purement et simplement
les fonds attribués à chaque participant, beaucoup
d'établissements placent annuellement les sommes
réparties, sous la forme de primes d'assurance
sur la vie. Ceci nous amène précisément à examiner la question du placement des fonds de participation non distribués en espèces. Chemin faisant, nous trouverons l'occasion de compléter les
notions qui précèdent.

, La part de profits attribuée au personnel, et capitalisée à son profit, doit être employée de manière à donner un intérêt ou un dividende. On ne concevrait pas une thésaurisation dont le premier inconvénient serait d'enlever à la circulation des sommes importantes. Mais quel sera le mode d'emploi à la fois le plus simple et le plus sûr. Quatre combinaisons sont appliquées à l'heure actuelle par les maisons où fonctionne la participation. Les voici :

1° *Les fonds restent en dépôt dans la maison, sous la gérance du patron, et portent intérêt à un taux fixé par le règlement* (1). — Cette manière de faire présente un avantage notable : elle laisse dans l'entreprise tous les capitaux produits par celle-ci, ce qui permet de la développer. De plus, les participants sont attachés par un lien de plus à la prospérité d'un établissement dont ils reçoivent leur salaire, une part de profit et un intérêt sur cette part. Parfois même on admet encore, dans ce fonds de dépôt, les économies faites par le personnel sur ses gains, ce qui, en outre de ce que nous venons de dire, pousse les employés et ouvriers à l'économie. En revanche, ce procédé

(1) Thomas frères, imprimeurs, à Pontarlier.

fait courir aux déposants un aléa redoutable : si la maison vient à subir des pertes et si la liquidation forcée s'ensuit, les déposants sont assujettis aux conditions et aux risques ordinaires en matière commerciale. Il est certain qu'en principe, si le patron s'oblige à payer un intérêt à ses participants, il faut bien qu'il fasse valoir les fonds restés entre ses mains. Dès lors ces fonds sont considérés comme engagés dans l'affaire au même titre que les capitaux du patron ou des actionnaires, et engloutis dans la même catastrophe. Les tribunaux ont jugé dans ce sens au sujet des trop fameuses affaires des usines de Terrenoire et du Comptoir d'escompte de Paris. Il est évident que ce risque est fort grave pour la plupart des participants, exposés à perdre d'un seul coup le résultat de longs efforts et la sécurité d'une vieillesse prochaine. Avant d'adopter ce système, il faut donc bien réfléchir à la responsabilité qu'on encourt vis-à-vis du personnel. On doit songer qu'en fait il expose éventuellement les employés et ouvriers à une participation aux pertes qui peut devenir très lourde pour eux. On ne le pratiquera donc avec sécurité que dans les maisons assises sur des bases très solides et peu exposées aux hasards de la spéculation, de la mode, etc., etc.

2° *Les fonds en dépôt sont placés en titres sûrs,
en dehors des capitaux de l'établissement* (1). —
Bien que certains patrons puissent hésiter à placer ainsi en valeurs-étrangères à leur entreprise
des capitaux créés par leur initiative, ils éviteront,
en agissant ainsi, le risque dont nous venons de
parler. Toutefois il ne faut pas oublier que des
précautions spéciales doivent être prises pour dis-
traire effectivement ces valeurs de l'avoir du
patron, si elles sont acquises en bloc et au porteur, et non pas au nom de chaque intéressé. En
effet, comme l'ensemble des participants ne forme
point une personnalité civile, on ne peut ni acheter
ni déposer les titres pour leur compte dans un établissement. Il faut donc faire toutes ces opérations
au nom du patron, qui, légalement, demeure le
seul propriétaire de la fortune commune de son
personnel. C'est à lui de prendre les mesures
nécessaires pour que, en cas de liquidation, cette
fortune soit répartie entre les véritables propriétaires. Du reste, il est plus sûr encore de séparer
les comptes et de placer l'avoir de chaque participant au nom de ce dernier, en stipulant, au
besoin, l'incessibilité et l'insaisissabilité des titres,
ou en le gardant par-devers soi jusqu'à accomplissement des conditions prévues. Cette combinaison
ne s'accorde pas, toutefois, avec le régime de la

(1) Boivin, passementeries, Paris ; Goffinon, domaine de Grésy
(Gironde) ; etc., etc.

déchéance en cas de renvoi ou de démission, dont nous parlerons tout à l'heure.

3° *Les fonds sont employés à l'acquisition de parts de propriété de l'établissement.* — Cette acquisition peut être *obligatoire*(1) ou *facultative*(2). Dans les deux cas, elle soulève de graves questions de principe. D'une part, on justifie ce système en faisant observer, — et cette raison nous est déjà connue, — qu'il est fâcheux d'éloigner d'un établissement les capitaux créés dans son propre sein. On dit encore que les employés et ouvriers sont plus attachés à la maison lorsqu'ils participent à la propriété du fonds. Tout cela est fort juste, mais les objections ne le sont pas moins. En appelant le personnel à la propriété de l'affaire, on s'expose à mettre plus ou moins l'avenir de l'entreprise à la discrétion d'hommes peu éclairés, méfiants, mobiles, indiscrets, facilement amenés à céder leurs titres (3) et à les faire passer peut-être

(1) Dequenne et Cⁱᵉ, à Guise; Dorgé, tannerie, à Coulommiers; etc.
(2) Laroche-Joubert et Cⁱᵉ, à Angoulême; Van Marken et Cⁱᵉ, à Delft; *South Metropolitan Gas Cy*, Londres; etc., etc.
(3) D'après Prince Smith, les parts de propriété des charbonnages anglais Briggs et Cⁱᵉ, remises aux ouvriers, ont en partie passé de leurs mains à celles des boutiquiers, cabaretiers, etc., du voisinage.

aux mains d'un concurrent. D'un autre côté, si le
patron est un spéculateur de peu de conscience
et de scrupule, il pourra, par des opérations hasar-
deuses, compromettre l'avoir de ses co-associés,
attachés à lui par force ou persuasion. On doit
supposer, du reste, que cet avoir est composé uniquement de parts de bénéfices, et non pas d'économies faites sur le salaire, car dans ce dernier
cas la responsabilité serait plus grande et un dé-
sastre plus cruel.

On peut, du reste, atténuer les dangers de ce
système au moyen de dispositions appropriées.
Pour éviter un excédent inutile de dépôts obligatoires, on remboursera successivement, par
exemple, les titres les plus anciens avec le montant des versements nouveaux. Pour prévenir la
vente ou le passage des actions aux mains de
maisons concurrentes, on ne cède pas directement
aux ouvriers des parts de l'entreprise. Le patron
(propriétaire ou gérant) divise fictivement une
partie du capital d'exploitation, ou des actions qui
lui appartiennent, en parts de 50 ou de 100 francs,
portant dividende, et les met à la disposition du
personnel, chaque intéressé n'étant d'ailleurs
admis à acquérir qu'un nombre limité de ces
titres spéciaux : 50 à 100, par exemple. Lorsque ce
chiffre est atteint, on avise en procédant par mesures individuelles et selon les circonstances (1).

(1) Leclerc, à Saint-Dizier ; Van Marken et Ci⁰, à Delft.

L'attribution de parts de propriété peut avoir un autre but que celui de pousser les ouvriers à l'épargne, tout en les attachant à l'établissement. On tend parfois, en effet, à transformer peu à peu la nature de celui-ci pour en faire une société coopérative de production, remplaçant, après une longue et minutieuse transition, le patronat individuel par l'organisation collective (1). Nous avons dit plus haut notre opinion générale sur ce fait important. Ici il nous suffira de signaler les précautions nécessaires pour l'accomplir.

D'abord, la transformation ne sera possible qu'après une longue pratique de la participation, qui aura permis de former dans le personnel un état-major expérimenté, et d'opérer parmi les ouvriers une sélection, qui en aura éliminé tous les éléments perturbateurs. Ensuite, il faudra que, par des mesures appropriées, on ait constitué, pour assurer la bonne marche de l'affaire, des capitaux indépendants, sans quoi l'abus du crédit ne tarderait probablement pas à la tuer. C'est le cas, par exemple, pour une coopérative de typographes parisiens, qui débutèrent par de lourds achats de matériel à crédit, et se mirent ainsi à deux doigts de la faillite ; dans ce but, les patrons qui ont organisé des associations de ce

_____

(1) Redouly et Cⁱᵉ (ancienne maison Leclaire), à Paris ; Dequenne et Cⁱᵉ (ancienne maison Godin), à Guise ; Laroche-Joubert et Cⁱᵉ, à Angoulême, etc.

genre ont dû recourir aux combinaisons les plus
ingénieuses. Il est nécessaire aussi que l'entreprise possède une clientèle toute faite, solide et
solvable, et qu'elle commence à fonctionner seule
pendant une période de prospérité. Enfin son règlement d'organisation doit être combiné de façon
à maintenir intacte l'autorité des chefs, et à assurer un bon et sérieux recrutement du personnel
coopérant.

On voit par ce court résumé combien de circonstances favorables, de soins, de dévouement et
de zèle sont indispensables pour assurer le succès
de ces combinaisons. On ne doit donc les entreprendre qu'à bon escient, en s'entourant des précautions les plus minutieuses, pour ne pas exposer des successeurs ouvriers à des déconvenues
pénibles et à des pertes ruineuses. Notons, enfin,
que MM. Graux, Méline, etc., ont déposé à
la Chambre, en octobre 1895, une proposition de
loi tendant à autoriser l'émission d'actions de
25 francs, et cela dans l'intention formelle de
faciliter la participation aux bénéfices, et l'association de l'ouvrier à la propriété de l'affaire. La
chose n'irait pas sans inconvénients de diverses
natures, mais elle n'est pourtant pas impraticable.

4° Les fonds sont versés à une caisse de retraites ou

à une compagnie d'assurances (1). — Cette combinaison présente l'avantage de dégager d'une manière complète la responsabilité du patron et de
soulager, en outre, sa comptabilité, dans une grande
mesure, des détails d'administration du fonds du
personnel. En France, il existe une *Caisse nationale des retraites*, dont le tarif est avantageux ;
beaucoup de patrons y prennent des livrets au
nom de leurs ouvriers, et payent la prime annuelle
au moyen du produit de la participation, l'excédent
servant à alimenter de petites caisses de secours
en cas de chômage ou de maladie, etc. (2).

On peut aussi constituer des assurances soit sur
la vie entière, soit du type mixte, ou encore à capital différé (3). Les assurances mixtes, moyennant
une prime annuelle, donnent un capital payable à
l'assuré, après un délai déterminé : quinze, vingt,
vingt-cinq, trente ans, etc., en cas de survie, ou
aux héritiers, sans condition de délai, s'il vient à
décéder dans l'intervalle. Les assurances à capital
différé offrent un mécanisme analogue, avec cette
différence que la Compagnie ne fait aucun versement avant l'époque fixée ; si l'assuré vient à mourir, on ne paye plus aucune prime, et cependant les

(1) Imprimerie Chaix, Paris ; Boivin, passementeries, Paris, etc.
(2) Il est utile d'observer que la combinaison *retraites* convient
peu aux jeunes ouvrières, dont un bon nombre quittent l'atelier
en se mariant. Pour elles le livret d'épargne offre un procédé mieux
approprié à leurs besoins.
(3) Adler, cartonnages, à Buchholz (Saxe) ; etc., etc.

héritiers reçoivent la somme stipulée dans la police à l'échéance indiquée. L'assurance mixte présente l'inconvénient de coûter plus cher que l'autre, le risque étant plus lourd. Mais, d'autre part, lorsqu'un ouvrier vient à mourir, sa famille a un besoin immédiat de l'épargne acquise. La lui faire attendre pendant une série d'années, c'est l'obliger à l'escompter à grands frais (1).

En matière d'assurance, il faut encore prévoir deux aléas dont les effets peuvent devenir graves. Le premier résulte de l'irrégularité des bénéfices, qui peuvent être pendant une ou plusieurs années insuffisants pour couvrir la prime, ou même tout à fait nuls. C'est ici que le fonds de réserve, dont nous avons parlé tout à l'heure, jouera un rôle précieux, celui de régulateur. Le trop-plein des années très prospères, reversé sur les mauvais exercices, permettra d'acquitter régulièrement les primes, au moins tant que durera l'entreprise. Si elle tombe, ou si le patron vient à disparaître sans laisser un continuateur animé du même esprit, le second aléa apparaît. Les participants sont pour la plupart incapables d'assurer le service des primes, si bien qu'à l'échéance de leur police ils n'ont droit qu'à une somme restreinte.

(1) La Caisse nationale d'assurances ouvrières facultatives n'est autorisée à contracter que des polices viagères. Un projet de loi voté par la Chambre des députés et déposé au Sénat en mars 1896 l'autorise à faire des assurances mixtes.

Il n'est pas impossible de couvrir ce risque grave ; nous trouvons dans ce sens l'exemple d'un patron qui, après avoir assuré ses ouvriers au moyen du produit de la participation, a contracté sur sa propre tête une police, dont la prime reste à sa charge et dont le produit doit, à sa mort, fournir un revenu suffisant pour faire le service des annuités dues au nom du personnel ouvrier (1).

5° *Systèmes mixtes*. — Nous relevons dans la pratique un assez grand nombre de combinaisons résultant du mélange des procédés que nous venons d'exposer. Ici, les fonds sont capitalisés pendant un certain nombre d'années ; puis, lorsque l'ouvrier est en possession d'un capital déterminé, celui-ci forme la base d'un titre de la Caisse nationale des retraites, qui est grossi d'année en année par la participation (2). Ailleurs, le participant doit laisser capitaliser ses profits durant une série d'années (quinze ou vingt) ; toutefois il peut, au besoin, en retirer une portion correspondant à son ancienneté dans l'établissement. Ainsi, après dix ans, il pourra réclamer 1/3 de son avoir, après quinze ans 2/3, etc. (3). Cette combinaison est susceptible de

---

(1) M. Adler, fabrique de cartonnages, Buchholz, Saxe.
(2) Compagnie métallurgique de Fives-Lille.
(3) Magasins du Bon-Marché, Paris ; Fauquet, filature, Oissel (Seine-Inférieure).

prendre des formes assez variées. Elle répond
d'ailleurs à une préoccupation qui a sa raison
d'être : on veut par là que l'employé ou l'ouvrier
garde une certaine liberté d'action. Il peut avoir
besoin de son argent, soit pour répondre à des
nécessités imprévues, soit pour acquérir un champ,
une maison, pour établir un enfant, etc. Beaucoup
de patrons admettent le retrait partiel ou total des
fonds de participation en cas de besoin justifié
(Sachs, engrais et produits chimiques, Aubervilliers ; Société anonyme de tissus de laine des
Vosges, au Thilot ; Thomas frères, imprimeurs,
Pontarlier ; Goffinon, domaine de Grésy, Gironde).
Chez M. Goffinon, les parts étant employées en
titres de rente, les participants autorisés par le
patron peuvent emprunter à la Banque de France
en déposant leurs titres ; la Banque ne demande
guère que $1/2$ 0/0 en sus du coupon : c'est donc
là un précieux moyen de crédit. Citons encore un
système dans lequel la somme annuelle allouée au
personnel étant capitalisée à 4 0/0 sur livrets
individuels, on prélève sur cet intérêt la somme
nécessaire pour former un fonds de prévoyance
pour maladie et chômage. Le surplus est ajouté
aux livrets, ou payé en espèces, au choix des intéressés (1). Autre exemple intéressant à un point

---

(1) Pernod fils (Veil-Picard et Cⁱᵉ), liqueurs, à Pontarlier. Voir en
outre : Besselièvre, tissages, Maromme et Paris ; Mame et Cⁱᵉ, librairie et imprimerie, Tours ; Sachs, produits chimiques, à Auber-.

de vue différent. Les fonds de participation sont capitalisés pour former une caisse de retraites. Un ouvrier qui atteint sa cinquantième année a droit à une pension partielle, qui lui permet de compenser éventuellement la perte de salaire résultant de la diminution de ses forces ou de ses facultés ; il peut donc continuer à figurer à l'atelier. Cela lui permet d'améliorer son régime, de faire des économies supplémentaires (1).

- Ajoutons, pour clore ces indications, que la Commission extraparlementaire des Associations ouvrières, réunie en 1882, avait préparé un projet de loi tendant à la création d'une caisse publique, centrale, destinée à grouper les fonds produits par la participation (2). Ces fonds devaient être capitalisés et placés en rentes françaises ou autres valeurs sûres. Cette institution aurait pourvu à plusieurs des besoins que nous avons signalés. Elle aurait pu prévenir notamment les catastrophes semblables à celle qui a suivi la chute de l'entreprise de Terrenoire. Le projet déclarait en effet incessibles et insaisissables les sommes déposées pour le compte des employés et ouvriers. Il faut

villiers (Seine), qui ajoute à la participation une retenue de 5 0/0 sur le salaire. Certains patrons capitalisent en valeurs sûres, et le participant ne peut jouir de sa part qu'à un âge déterminé, cinquante ans par exemple (Boivin, passementeries, Paris ; etc.).

(1) Deberny (M. Tuleu, succ.), fonderie de caractères, à Paris.
: (2) Cette idée était due à l'initiative de la Société pour l'étude de la participation des ouvriers dans les bénéfices de l'entreprise, dont nous avons signalé déjà les travaux.

dire aussi qu'une telle création ne serait pas sans inconvénients dans un pays comme la France. On sait comment les caisses d'épargne sont devenues l'un des affluents réguliers d'une dette publique toujours grandissante. Il y a lieu de se demander s'il serait bon, à un point de vue général; d'ouvrir une nouvelle source d'emprunts plus ou moins déguisés. Du reste, la question reste en suspens, car le projet de la Commission n'a jamais été examiné ni voté par le Parlement. Dans le même ordre d'idées, nous rappellerons qu'un autre projet, déposé par le Gouvernement le 20 décembre 1890, adopté par la Chambre le 3 mars 1891, avait pour but de faciliter le dépôt des fonds de participation à la Caisse des dépôts et consignations, dans des conditions propres à sauvegarder les droits des véritables propriétaires de ces fonds. D'abord, l'article 2101 du Code civil leur était appliqué, conférant ainsi aux participants un droit de privilège général analogue à celui dont jouissent les gens de service pour leurs gages. Il en était de même pour les articles 2073 et 2076, ce qui assurait au personnel un rang de privilège sur tous autres créanciers du patron déposant. De la sorte, il devenait bien difficile de faire entrer ces fonds dans la masse d'une faillite, au détriment des employés et ouvriers. Mais ce projet n'a pas encore reçu la sanction définitive du Sénat.

. Nous arrivons enfin à l'examen d'une question·· qui .a donné lieu jusqu'ici· à des. débats assez vifs, mais qui se résout de plus en plus dans un sens libéral. Il s'agit de la clause de déchéance, intro- -duite primitivement dans beaucoup de règlements, et qui frappe tout participant révoqué, ou qui aban- -donne volontairement le bureau ou l'atelier. Dans -ce cas, il est considéré comme renonçant à son ca- pital, lequel fait retour à la masse commune. Les parts individuelles forment ainsi comme autant de cautions qui répondent de l'exactitude et de la fidélité du personnel. Tantôt cette déchéance atteint l'avoir entier de l'intéressé; tantôt elle n'en retient ·qu'une portion fixe ou proportionnée au temps de :service déjà fourni (1). La pratique nous offre d'ail- leurs, comme toujours, des combinaisons mixtes fort variées. D'abord, on a généralement soin de. limiter la déchéance aux cas de démission ou de révocation: le participant devenu infirme ne perd rien; l'avoir de celui qui meurt passe à sa veuve, à ses enfants ou à ses ascendants(2). Ainsi restreinte, ·cette pénalité perd tout caractère odieux, d'autant plus qu'elle n'est jamais appliquée au profit du patron, mais à celui des camarades de l'individu

---

(1) Tuleu, fonderie de caractères, Paris. La retenue est totale quand l'ouvrier a travaillé moins de neuf cents journées, et elle s'abaisse graduellement jusqu'à 2 0/0 après trois mille journées de présence (dix ans).

(2) Compagnie d'assurances générales, Compagnie du Lloyd belge, etc., etc.

ainsi frappé. Néanmoins, la déchéance est repoussée par beaucoup de bons esprits, qui la considèrent comme un moyen brutal, excessif, injuste
même. Reprendre une chose que l'on a donnée en
toute liberté, cela est toujours un fait pénible,
même lorsque la condition a été posée d'avance
et acceptée. Du reste, si le patron peut légitimement désirer que ses ouvriers lui soient fidèles,
s'il est fondé à prendre toutes les mesures raisonnables propres à les retenir chez lui, il va pourtant trop loin lorsqu'il tente de les lier définitivement à son entreprise par la crainte d'une perte
d'autant plus considérable pour eux, qu'ils sont
restés plus longtemps dans la maison. Un homme
arrivé à un certain âge, auquel la participation a
donné un capital assez important, peut être ainsi
détourné de prendre une situation qui lui donnerait probablement une fortune; s'il n'ose pas
sacrifier le certain à l'incertain, l'occasion lui
échappe. Mieux vaut laisser aux gens une liberté
aussi large que possible, et éviter par là des responsabilités, des reproches et peut-être des rancunes fâcheuses. N'est-il pas plus juste et plus
naturel de laisser chacun courir librement sa
chance et saisir l'occasion de s'élever lorsqu'elle
se présente? Tel est le dilemme qui se pose au
patron. Beaucoup l'ont résolu dans le sens libéral,
en supprimant toute déchéance (1). D'autres ne

(1) Mozet et Delalonde, plomberie et couverture, à Paris; Gou-

16

retiennent rien sur le livret de l'ouvrier qui les quitte, mais le montant de ce livret est déposé à terme dans une caisse de retraites ou d'assurances, et le titulaire n'en peut disposer qu'à l'époque fixée par le contrat (1). Ailleurs, les fonds acquis étant placés en valeurs incessibles et insaisissables, on garantit encore plus fortement le détenteur contre ses propres prodigalités. En somme, la plupart des établissements qui pratiquent la participation laissent aux participants leur pleine et entière liberté. Nous croyons que cette manière d'agir est la plus naturelle et la plus propre à fermer l'esprit des ouvriers aux préjugés que l'on cherche à leur inspirer, pour les détourner d'une institution fatale aux agitateurs et aux politiciens socialistes. Il ne faut pas oublier que l'idéal, dans la conduite des hommes, consiste plutôt dans le développement indéfini, pour ainsi dire, de la valeur et de l'initiative individuelles, plutôt que dans la réglementation minutieuse qui retient l'homme fait dans une situation voisine de celle de la minorité, au point de vue de la conduite de sa propre vie. Il ne faut donc pas, pour empêcher quelques individus de dilapider leurs ressources, paralyser en même temps ceux qui sont

nouilhou, imprimeur à Bordeaux ; etc. Toutefois on admet généralement une déchéance pour l'année en cours au moment du départ de l'ouvrier.

(1) Monduit fils, couvertures et plomberie, Paris ; etc.

en état de faire un emploi fructueux de leur avoir. Il y a là une mesure à observer, et les dispositions prises doivent rester assez souples pour se prêter à tous les besoins.

CONCLUSION

LE PROBLÈME DE L'AVENIR

Nous avons ainsi présenté, sous une forme condensée, l'ensemble des faits révélés par l'observation monographique, en y ajoutant un certain nombre d'autres indications qui les vérifient ou les complètent. Nous avons présenté, chemin faisant, les réflexions qui nous étaient suggérées par ces faits. Essayons maintenant de tirer de tout ce qui précède une conclusion claire et positive.

En principe, le patron et l'ouvrier sont placés vis-à-vis du consommateur dans la position réciproque de deux concurrents. Le premier cherche à prélever sur le client un profit aussi élevé que possible. Le second réclame de son côté un salaire toujours plus avantageux. Si le patron parvient à réduire le salaire, il grossit directement son bénéfice, ou bien il abaisse ses prix, étend ses affaires et augmente encore son gain. Quand c'est

16*

l'ouvrier qui l'emporte, le patron doit accepter une réduction du profit, ou charger le client, qui restreint ses commandes, ce dont tout le monde souffre : patrons, ouvriers et acheteurs.

Par une application intelligente du patronage, basée sur la participation aux bénéfices, on peut arriver à régler les choses d'une manière beaucoup plus normale. En fixant d'accord le salaire suivant les circonstances du marché de consommation, on évite la surcharge des prix de vente. La bonne organisation du travail améliore la production, réduit le prix de revient, facilite l'extension des affaires et du profit, lequel se répartit dans des proportions équitables entre le patron et l'ouvrier.

Il en résulte :

Une solidarité étroite entre les intérêts du travail et ceux du capital ;

L'harmonie et la paix dans les ateliers ;

Pour le patron, plus de facilité dans la gestion de son affaire, et un sérieux élément de prospérité ;

Pour l'ouvrier, plus de stabilité, de sécurité et de moyens d'élévation offerts à ceux qui sont aussi capables d'en profiter ;

Pour la clientèle, un meilleur service à prix égal ou même inférieur.

Tels sont les effets *certains* du patronage pratiqué dans un esprit conforme aux besoins actuels des sociétés occidentales. Les chefs d'industrie qui

savent comprendre cela et agissent en conséquence font plus, pour leur propre avantage et
pour le bien général, que toutes les lois dites sociales, que tous les rouages administratifs, que
toutes les théories et tous les expédients du socialisme. Nous avons essayé de le démontrer, afin de
vulgariser leurs exemples dans toute la mesure
du possible. D'ailleurs nous n'avons nullement la
naïveté de rêver une sorte de paradis industriel peu-
plé de patrons admirables et d'ouvriers sans défauts.
Nous n'ignorons pas que partout et toujours les
imperfections de la nature humaine, ses faiblesses
et ses vices, interviendront pour gêner et troubler
les rapports sociaux, pour contrarier dans le détail
les organisations les mieux comprises. Mais l'expérience prouve d'une manière absolue que, en
dépit des fautes des uns, du mauvais vouloir des
autres, sans parler de ses propres erreurs, un
homme persévérant peut obtenir dans cet important domaine des résultats excellents. Que tous
ceux qui se sentent de l'intelligence, de l'énergie
et du cœur donnent l'exemple et, tout en servant
légitimement leurs propres intérêts, ils rendront
à leur pays un service immense ; ils travailleront
à régénérer la classe ouvrière par une éducation
rationnelle qui lui manque totalement aujourd'hui.
Mais, répétons-le encore une fois, car c'est là une
condition essentielle: pour que le patronage agisse
sûrement comme un agent de paix, de progrès

social et économique, il doit être inspiré par un principe libéral et tendre partout et toujours à élever aussi haut que possible le niveau de l'initiative individuelle. Il s'agit de former des hommes capables plutôt que des subordonnés satisfaits, mais passifs. C'est là ce qui fait véritablement les grandes nations. Il faudrait, en un mot, que tous les hommes appelés à diriger leurs semblables fussent pénétrés profondément de l'esprit de progrès qui inspirait à l'Américain Cameron cette noble déclaration : « Assister quelqu'un en le mettant à même d'améliorer sa condition par ses propres efforts, c'est en faire un homme. Soutenir quelqu'un sans lui demander aucun effort personnel, c'est le traiter comme un mendiant ! »

Ceci est le principe même de la formation anglo-saxonne. Saurons-nous le faire nôtre, et reprendre dans le monde, de haute lutte, la place que nous avons perdue? Voilà le grand problème de l'avenir. La solution dépend beaucoup de ceux qui ont reçu des circonstances la haute mission de conduire le travail, c'est-à-dire des patrons, et elle se formule tout entière dans ce seul mot: *Éducation*.

APPENDICE

PROJETS GRADUÉS
DE RÈGLEMENTS D'ORGANISATION
DE LA PARTICIPATION

Ces projets, étudiés d'après les dispositions usitées dans la pratique, sont combinés de manière à présenter un caractère de complexité croissante. Le premier type est excessivement simple : il n'impose au patron aucune obligation durable et formelle. De son application résulterait une sorte d'initiation au système de la participation. Il est pourtant combiné de manière à pousser les participants dans une voie déterminée : celle de l'application au travail, de l'ordre et de l'économie. Son extrême simplicité ne justifie pas en principe la forme un peu solennelle du règlement. Cette forme est pourtant utile pour donner au personnel le sentiment de l'œuvre de coopération à laquelle on le convie.

Le second type est déjà plus étendu. Il exigerait de la part du patron des soins plus assidus, des relations plus directes avec son personnel, en un mot un patronage plus minutieux. Il lui laisse encore cependant un pouvoir absolu

sur l'existence et la gestion de la participation. Il est prévu
en outre pour des familles qu'il est nécessaire de pousser
énergiquement dans la voie de la prévoyance. Nous indi-
quons d'ailleurs en note des atténuations susceptibles de
l'accommoder à des situations diverses.

Le troisième type accentue encore le précédent. Il affecte
un caractère contractuel plus précis et appelle le personnel
à un rôle consultatif et à un droit de contrôle propres à
développer les aptitudes et à écarter les méfiances, les
malentendus et leurs graves conséquences. Il conviendrait
pour des employés et ouvriers déjà formés, susceptibles de
bien comprendre leur rôle, disciplinés par raison et prévoyants par habitude. Dans ces conditions, le patron peut
alléger sa propre tâche en rendant plus efficace la collaboration de son personnel, en l'élevant pour ainsi dire à certaines des prérogatives de la direction.

Enfin, avec le quatrième et dernier type, nous présentons
une combinaison qui, sortie de la participation, arrive, par
une transition calculée, à un régime voisin de la coopération de production. Le choisir de prime abord avec un personnel quelconque, ce serait courir à un échec certain. Mais
avec le temps et les ménagements indispensables ce type
peut devenir pour un certain nombre de patrons un excellent moyen de consolidation pour leur entreprise, qui
durera après eux en rendant de grands services à beaucoup
de gens.

Est-il besoin d'ajouter que ces types de règlements sont
donnés ici à titre de simple indication, et comme base première pour les organisations futures. C'est à chacun de
voir, en étudiant les circonstances de sa propre situation,
ce qu'il y faut ajouter ou retrancher pour en tirer bon
parti, selon le lieu, le temps, les ressources et le personnel
qui sont en cause.

RÈGLEMENT

ORGANISANT UN RÉGIME DE GRATIFICATIONS

AU PROFIT DES

EMPLOYÉS ET OUVRIERS DE LA MAISON X...

ARTICLE PREMIER

M. X..., voulant donner à son personnel une preuve de sa sollicitude, lui accordera chaque année, jusqu'à nouvel ordre, une gratification en sus du salaire courant.

Cette gratification sera fixée par M. X... après l'inventaire, selon les résultats obtenus et le zèle déployé par le personnel dans le courant de l'exercice.

ART. 2

Une part de la gratification annuelle sera remise, sous la forme d'un versement fait à la caisse d'épargne de... à tous ceux des employés et ouvriers qui en seront jugés dignes par le patron.

ART. 3

Pour recevoir une nouvelle part de gratification, il faudra remettre à la caisse de la maison le livret donné lors de la première répartition, et ce livret devra encore porter à l'actif un tiers (1) au moins des parts précédemment distribuées.

---

(1) Ou la moitié, ou les deux tiers, le patron se réservant le droit d'autoriser des retraits plus considérables, en cas de besoin justifié.

Art. 4

Pour répartir les parts de gratification, M. X... se basera sur l'exactitude, l'économie, la rapidité et le soin déployés dans le travail, ainsi que sur l'ancienneté des services.

Art. 5

L'attribution de la gratification étant absolument volontaire de la part de M. X..., il la continuera ou la suspendra à son gré, sans que personne puisse prétendre à contrôler ses affaires, ses décisions ou ses comptes.

Art. 6

Le présent règlement entrera en vigueur le..... pour une année, et continuera ses effets indéfiniment jusqu'à décision contraire de M. X..., affichée dans les ateliers.

Fait à ...., le ..... 18..

Observations. — Ce type conviendrait comme organisation de début avec un personnel peu développé, notamment dans une entreprise peu considérable ou dans une exploitation agricole. Il réserve de la manière la plus complète la liberté d'action du patron.

On pourrait remplacer les articles 2 et 3 par une disposition décidant que les parts seront employées en tout ou partie en valeurs déclarées incessibles ou insaisissables, ou restant en dépôt entre les mains du patron.

Deuxième type

RÈGLEMENT

ORGANISANT LA PARTICIPATION DU PERSONNEL

DE LA MAISON X...

AUX BÉNÉFICES DE L'ÉTABLISSEMENT

ARTICLE PREMIER

M. X... attribue à son personnel, à titre d'encouragement et en outre du salaire convenu, une part de ses bénéfices nets (1).

Cette part sera déterminée chaque année par M. X... d'après les résultats de l'inventaire et sans règle fixe.

ART. 2

Prendront part à la répartition :

1° A titre de participants, les employés et ouvriers désignés par M. X... et comptant au moins une année de service ininterrompu dans la maison, les cas de force majeure exceptés (2) ;

(1) Ou : tant 0/0 sur le chiffre brut des affaires, ou sur le montant total des ventes, ou toutes autres combinaisons appropriées au type de l'entreprise.

2) On pourrait aussi supprimer le stage, ce qui simplifierait un peu. La disposition n° 1 a pour effet de constituer un *noyau*, système très recommandé par plusieurs praticiens expérimentés.

2° A titre d'aspirants, les employés et ouvriers nouveaux ou non encore désignés comme participants, ainsi que les apprentis et aides, mais seulement sous la forme de primes ou gratifications discrétionnaires.

ART. 3

La part de bénéfices attribuée au personnel de la maison sera répartie selon les proportions suivantes :

La moitié, au prorata des salaires reçus dans l'année par chaque employé ou ouvrier admis à la participation ;

Un quart, sous forme de primes à l'ancienneté, au soin et à l'assiduité dans le travail, selon l'appréciation de M. X... ;

Un quart, à la réserve de participation (1).

ART. 4

Lorsque la réserve prévue par l'article 3 aura atteint le chiffre de ... francs (2), les 25 0/0 destinés à l'alimenter seront répartis, savoir : 15 0/0 au prorata des salaires (soit en tout 65 0/0) ; 10 0/0 aux primes (soit en tout 35 0/0).

M. X... disposera de la réserve en cas d'insuffisance dans le bénéfice d'une année, à son entière discrétion, mais au profit exclusif du personnel. Lorsqu'elle aura été entamée, elle sera reconstituée le plus tôt possible au moyen du prélèvement prescrit par l'article 2.

ART. 5

Les fonds de participation seront gérés de la manière suivante :

a) Pour ce qui concerne les participants, leurs parts

(1) On pourrait simplifier en donnant 75 0/0 au salaire et 25 0/0 à la réserve; celle-ci même n'est pas indispensable quand l'emploi des fonds ne comporte pas des versements annuels réguliers pour assurances ou retraites.

(2) Au moins le montant de deux répartitions, année moyenne.

seront capitalisées et affectées à l'achat de valeurs sûres, nominatives, et restant en dépôt entre les mains de M. X... Chacun d'eux recevra un livret indiquant le montant, de son compte et mis à jour chaque année (1) ;·

b) Pour les aspirants, les parts seront capitalisées, au choix de l'intéressé, soit comme il est dit ci-dessus, soit sur un livret de caisse d'épargne qui restera entre les mains du patron ;

c) M. X... gardera la gestion de la réserve et y pourvoira au mieux des intérêts du personnel.

ART. 6

En cas de besoin absolu, tout ouvrier ou employé titulaire d'un livret pourra demander à M. X... l'autorisation d'en disposer en tout ou partie.

M. X... accordera ou refusera cette autorisation, après examen de la demande, et selon ce qu'il jugera utile au bien de l'intéressé et de sa famille.

ART. 7

Tout participant ayant atteint l'âge de soixante ans, ou frappé d'infirmités permanentes et graves, pourra demander la liquidation de son livret.

Il en recevra le montant en valeurs sûres, selon l'appréciation de M. X..., et déclarées incessibles et insaisissables pendant la vie du titulaire.

ART. 8

Tout participant qui quitte la maison par renvoi ou démis-

(1) De cette manière, les participants sont tenus à la prévoyance. L'article 6 atténue d'ailleurs la rigueur de cette disposition. Elle permet notamment des emprunts sur gage, à taux raisonnable, qui peuvent être utiles, tout en conservant l'obligation d'économiser pour les amortir.

sion perd ses droits à la répartition de l'année courante (1).

Son livret sera liquidé, et le montant sera soit remis à l'intéressé en valeurs incessibles et insaisissables durant la vie du titulaire, soit déposé sous son nom dans une société d'assurances, pour constituer un capital payable à sa soixantième année, ou à sa famille en cas de décès (2).

Il en sera de même pour tous les participants, en cas de liquidation de la maison.

ART. 9

Chaque participant sera tenu de signer, lors de sa nomination, un acte d'adhésion au présent règlement.

Toute démission sera également donnée par écrit.

Toutes les réclamations relatives à la participation seront présentées à M. X... par écrit. Les décisions en cette matière lui appartiennent exclusivement.

ART. 10

Le présent règlement est valable pour douze mois, avec tacite reconduction d'année en année. M. X... conserve le droit de le révoquer par une communication affichée dans les ateliers avant l'inventaire de l'année courante, et qui produira son effet à partir de l'exercice suivant.

Fait à....., le...... 18...

OBSERVATIONS. — Ce type pourrait être beaucoup simplifié

(1) Cette clause de déchéance limitée nous paraît juste et utile ; elle est juste parce que celui qui se fait renvoyer ou se retire en cours d'exercice n'est pas sans nuire à la maison dans une certaine mesure. Elle est utile en simplifiant les comptes.

(2) Cette clause a pour but de prévenir les sorties motivées par un besoin d'argent. On peut stipuler aussi que la remise des fonds n'aura pas lieu avant un certain délai : six mois, un an, cinq ans.

En tous cas, les livrets individuels doivent porter ostensiblement l'indication que le porteur n'a pas la disposition libre et immédiate de son fonds, cela pour modérer le crédit chez les fournisseurs.

en adoptant le système de la répartition en espèces, praticable avéc des familles ouvrières déjà dressées à la prévoyance. .

On pourrait aussi remplacer les achats de valeurs par un placement régulier, fait au nom de l'intéressé, à titre de prime pour une assurance à terme fixe, ou mixte, ou pour une pension viagère à capital réservé ou aliéné. Les charges d'administration sont moindres, mais l'effet est peut-être moins marqué. Pour les ouvriers agricoles, qui placent volontiers leurs épargnes en biens-fonds, le système de la capitalisation en valeurs est préférable.

MODÈLE DE CARNET INDIVIDUEL

Nota. — On imprimera le règlement en tête du carnet, d'une manière bien visible, afin que les tiers soient avertis, le cas échéant, des conditions auxquelles la délivrance du montant du compte est subordonnée.

MAISON X...

à..

CARNET INDIVIDUEL

DE

PARTICIPATION AUX BÉNÉFICES

DÉLIVRÉ A

M. Jean V..., ouvrier mécanicien

Entré le............................... 18__

Sorti le............................... 18__

DATES		NATURE DES VERSEMENTS	SOMMES ANNUELLES		TOTAUX	
18..						
Juillet....	5	Part de bénéfices 18../18..	97	25		
Décembre.	15	Intérêts échus..........	2	05		
»	31	TOTAL..........			99	30
18..						
Juin......	30	Intérêts échus..........	3	50		
Juillet....	5	Part de bénéfices 18../18..	106	10		
Décembre.	15	Intérêts échus..........	7	75		
»	31	TOTAL..........			116	35
		A reporter......			215	65

RÈGLEMENT

ORGANISANT LA PARTICIPATION DU PERSONNEL

DE LA MAISON X...

AUX BÉNÉFICES DE L'ÉTABLISSEMENT

ET CRÉANT UNE SOCIÉTÉ DE SECOURS MUTUELS

I. — Participation

ARTICLE PREMIER

M. X..., voulant solidariser plus étroitement les intérêts de la maison et ceux du personnel, a décidé d'attribuer à ceux de ses employés et ouvriers qui seront désignés à cet effet une part annuelle des bénéfices révélés par l'inventaire.

En échange, les employés et ouvriers participants devront prendre l'engagement écrit de faire tous les efforts dont ils sont raisonnablement susceptibles pour assurer et développer la prospérité de l'entreprise. Ils déclareront en même temps qu'ils connaissent et acceptent le présent Règlement.

ART. 2

Les participants seront désignés par un Comité présidé par M. X... et composé de huit membres, dont quatre désignés par le patron parmi les employés et ouvriers les plus anciens, et quatre élus en Assemblée générale par les participants.

La qualité de participant pourra être suspendue ou

retirée par le Comité pour faute grave. L'intéressé sera prévenu et pourra demander à être entendu par le Comité avant la décision définitive.

Le Comité demeure maître absolu de ses décisions, et des motifs qu'il jugera utile de prendre en considération pour accorder, refuser, suspendre ou révoquer le droit à la participation.

ART. 3

Le taux de la participation est fixé à ... 0/0 des bénéfices nets révélés par l'inventaire (1).

ART. 4

Les comptes de fin d'année seront revisés par un expert-juré près le tribunal de commerce (2), qui fera son rapport en Assemblée générale pour dire si l'attribution faite au fonds de participation lui paraît exacte et conforme au présent règlement.

ART. 5

Le fonds de participation sera réparti comme suit :

50 0/0 aux participants, au prorata des salaires reçus ;

20 0/0 sous la forme de gratifications à l'ancienneté et au mérite, aux services exceptionnels en général;

10 0/0 à la caisse commune de secours ;

20 0/0 à la réserve.

Lorsque la réserve aura atteint le chiffre de ... francs, les 20 0/0 qui lui sont attribués seront répartis au prorata des salaires, portant ainsi cette part à 70 0/0.

Tous les membres du personnel de la maison, participants ou non, y compris les apprentis, peuvent bénéficier des gratifications prévues ci-dessus.

(1) Ou toute autre combinaison appropriée.
(2) Ou par une autre personne compétente, un ancien patron ou comptable, par exemple.

ART. 6

Les fonds provenant de la participation seront employés de la manière suivante :

1° Les parts proportionnelles au salaire seront accumulées sur livret pour former, au nom de chaque participant, un fonds de retraite. Ce fonds portera intérêt à x 0/0.

Lorsque le titulaire aura atteint vingt-cinq ans de services dans la maison, ou cinquante-cinq ans d'âge, son avoir sera placé soit à la Caisse nationale des retraites, à capital réservé ou aliéné, selon le cas, soit en valeurs. La liquidation pourra être demandée plus tôt en cas d'incapacité de travail permanente.

2° Les gratifications seront payées en argent, dans le mois qui suivra l'Assemblée générale prévue par l'article 10 ci-après.

ART. 7

Tout participant qui quitte la maison de son plein gré, ou qui se fait définitivement renvoyer pour faute grave, perd son droit à la répartition de l'année courante. Il conserve ses droits à la pension jusqu'à concurrence des versements effectués.

Le montant de son livret lui sera versé dans les délais suivants :

Un cinquième, trois mois après sa sortie ;

Un cinquième, une année après le premier versement, et ainsi de suite d'année en année jusqu'à liquidation complète.

Le Comité prévu par l'article 2 pourra accorder, dans des cas exceptionnels, une liquidation plus prompte.

ART. 8

En cas de chômage forcé, les participants seront réintégrés par rang d'ancienneté, aussitôt que faire se pourra. Ils

17*

devront répondre à l'appel qui leur sera adressé par lettre recommandée, dans un délai de huit jours. Le défaillant perdra son tour et sera classé en fin de liste. S'il résiste, sans motif valable, à un second appel, il sera considéré comme démissionnaire.

ART. 9

Les participants en cours de service militaire seront considérés comme étant en congé et conserveront tous leurs droits. Ils devront se présenter, dans le mois de leur libération, pour demander à être réintégrés dans leur emploi.

ART. 10

Le Comité se réunira une fois par mois pour examiner les affaires relatives à la participation, et celles que le patron jugera utile de lui soumettre.

Les participants se réuniront une fois par an, après l'inventaire, en Assemblée générale pour recevoir communication des résultats de l'exercice écoulé. Ils seront convoqués par les soins du Comité.

ART. 11

Toutes valeurs et pensions remises ou servies aux participants sont déclarées secours pour aliments, incessibles et insaisissables.

II. — Secours mutuels

ART. 11

Une Société de secours mutuels en cas de maladie est établie entre les employés et ouvriers majeurs de la maison. Tous doivent en faire partie, sans exception. Aucune personne étrangère ne sera admise à titre de membre actif.

ART. 12

Chacun des membres de la Société paiera un droit d'entrée de x francs, versé à la réserve, et une cotisation mensuelle de a francs par mois. Les pensionnés paieront demi-part.

ART. 13

La Société admettra des membres honoraires, agréés par le Comité d'administration prévu ci-après, et payant une cotisation de x francs par an.

ART. 14

La Société sera administrée par un Comité de dix membres actifs, élus par les sociétaires, en Assemblée générale, pour deux ans, et renouvelables par moitié tous les ans.

Le Comité nommera son bureau, qui sera en même temps celui de la Société. Il présentera chaque année à l'Assemblée générale un rapport sur sa gestion.

ART. 15

En cas de maladie, les membres de la Société aviseront le président le plus tôt possible. Ils seront aussitôt visités par un membre du Comité et recevront :

1° Les soins gratuits du médecin désigné par le Comité ;

2° Les médicaments, également gratuits ;

3° Dispense de payer la cotisation mensuelle ;

4° Pendant les trois premiers mois, un secours quotidien de x francs ;

5° Pendant les trois mois suivants, un secours quotidien de x francs.

Après ce délai, le malade pourra encore recevoir des secours, dont le montant et la durée seront fixés par le Comité.

Les pensionnés recevront demi-part.

Aucun secours ne sera accordé en cas de maladie causée par la débauche ou par une rixe.

Les femmes et les enfants des sociétaires seront visités par le médecin et pourvus de médicaments à titre gratuit, sur l'avis favorable du Comité.

ART. 16

En cas de décès d'un sociétaire, un secours de 100 francs sera payé à sa veuve, ou à ses enfants mineurs le cas échéant.

ART. 17

Le montant des droits d'entrée, les dons éventuels faits à la Société, et 10 0/0 du solde actif en fin d'exercice, le cas échéant, seront capitalisés pour former un fonds de réserve.

Ce fonds sera géré par le Comité.

Les revenus en seront consacrés :

1° Pour un tiers, à accorder des secours aux sociétaires dont la maladie se prolonge au-delà de six mois ;

2° Pour un tiers, à augmenter le secours prévu à l'article 15, en faveur des membres les plus chargés de famille ;

3° Pour le troisième tiers, à augmenter le revenu ou la pension des anciens sociétaires, lorsque leur position justifiera cette mesure.

ART. 18

En cas de liquidation de la maison X... la Société de secours mutuels subsistera entre les anciens employés et ouvriers de la maison.

Si la Société elle-même se dissout, le fonds de réserve sera réparti par portions égales entre tous les membres actifs, sans distinction (1).

ART. 19

Les sociétaires se réuniront chaque année en Assemblée

_____

(1) Ou employé en faveur d'une œuvre de prévoyance ouvrière.

générale le second dimanche de décembre, au siège social, qui est fixé au siège de la maison X....

ART. 20

Tout sociétaire qui quitte la maison par démission ou révocation cesse de faire partie de la Société. Il n'a droit à aucune indemnité.

ART. 21

Toute infraction au présent règlement, par absence, refus de service ou tentative de fraude, sera déférée au Comité, qui, après avoir entendu le délinquant, pourra infliger une indemnité de 1 à 5 francs à verser au fonds de réserve.

OBSERVATIONS. — Ce double règlement est combiné pour donner aux participants, en même temps que les avantages de la participation et de la mutualité, une organisation susceptible de préparer l'application du type suivant. Nous nous sommes d'ailleurs limité aux dispositions essentielles, laissant à l'expérience, le cas échéant, le soin d'indiquer les additions utiles, par exemple celles concernant les femmes, dans les maisons qui en emploient, les auxiliaires temporaires, etc.

Quatrième type

—

RÈGLEMENT

ORGANISANT LA PARTICIPATION DU PERSONNEL

DE LA MAISON X...

AUX BÉNÉFICES DE L'ÉTABLISSEMENT

ET CRÉANT UNE SOCIÉTÉ DE SECOURS MUTUELS

———

Nota. — Ce type comporte une organisation consistant en :

1° Une Société commerciale composée d'un ou plusieurs membres individuels (patrons anciens ou gérants élus) et d'un membre collectif : la société de prévoyance constituée par le personnel. Celle-ci doit être reconnue d'utilité publique pour posséder la capacité civile. La Société est en nom collectif pour ce qui concerne les personnes, en commandite simple pour ce qui touche la Société de prévoyance ; .

2° Une Société de prévoyance, constituée par le personnel de la maison dans des conditions déterminées par le règlement ci-après.

Cette combinaison présente sur l'association coopérative pure et simple des avantages, notables. Elle assure aux gérants une autorité plus forte et les intéresse davantage au succès de la maison. Elle donne au personnel des avantages immédiats plus assurés et une sécurité plus grande pour l'avenir. On conjure par là bien des inconvénients inhérents au système coopératif, qui présente le grave défaut de noyer l'action individuelle dans un collectivisme dangereux. Ce défaut a produit directement l'échec d'un grand nombre d'entreprises de ce type. La combinaison imaginée, ou tout au moins mise en pratique avec un plein succès par Leclaire, nous paraît de beaucoup supérieure, et c'est d'après les règlements dressés par cet éminent patron et par ses collaborateurs, que nous avons rédigé l'ébauche qui va suivre. Elle est combinée de manière à se prêter à toutes les modifications nécessitées par les diverses natures d'entreprises.

I. — Acte de Société

M. X..., en vue d'améliorer et de compléter l'organisation qu'il a donnée précédemment dans son établissement de ..... sis à ..., a résolu d'établir entre lui et son personnel, représenté par la Société de prévoyance de la maison, une Société de production en nom collectif, conformément aux dispositions de l'acte ci-après.

En conséquence, entre : M. X..., d'une part ; M. Y..., d'autre part, et M. Z..., agissant comme président et au nom de la Société de prévoyance des employés et ouvriers de la maison X..., il est convenu ce qui suit.

Article premier

L'établissement fondé en ..., à ..., pour l'exploitation de ..., est transformé, à partir du ..., en Société commerciale, sous la raison sociale X..., Y... et Cie.

La Société est en nom collectif à l'égard de MM. X..., Y... et Z..., en commandite à l'égard de la Société de prévoyance, commanditaire.

Art. 2

La durée de la Société est fixée à cinquante ans à partir du...

Art. 3

En cas de retraite ou de décès d'un associé, il sera pourvu à son remplacement par l'Assemblée générale de la Société de prévoyance, convoquée extraordinairement à cet effet dans les trois mois au plus tard.

Le vote aura lieu au scrutin secret, à la majorité de la moitié des membres inscrits plus un.

ART. 4.

Le siège de la Société est fixé à...

ART. 5

Les associés en nom collectif sont gérants responsables. Ils s'engagent à donner tous leurs soins à l'entreprise.

La haute direction sera toujours exercée par l'associé le plus ancien, à moins que les gérants n'en décident autrement d'un commun accord.

Deux Commissaires des comptes, élus chaque année par l'Assemblée générale de la Société de prévoyance, se joindront au Président de cette Société pour examiner le bilan. Ils en feront rapport à l'Assemblée générale.

ART. 6

Les gérants recevront un traitement annuel de..., payable par mensualités et imputable au compte de frais généraux.

Ils auront la signature sociale, pour en faire usage chacun séparément pour les besoins de la Société, exclusivement.

ART. 7

Les gérants désigneront d'accord les employés et ouvriers les plus capables, qui formeront un ou plusieurs comités consultatifs, auxquels les gérants soumettront, pour avis, les affaires qu'il leur semblera utile de faire étudier préalablement de cette manière.

L'avis des comités ne liera en aucun cas les gérants.

ART. 8.

M. X... apporte à la Société son établissement actuel, comprenant..., et estimé à la somme de .....

MM. Y... et Z... co-gérants, fournissent chacun un capital de ...

La Société de prévoyance, commanditaire, fournit un capital de...

Le fonds social se trouve ainsi fixé à ... francs.

Il sera, en outre, constitué et entretenu un fonds de réserve de ... francs, destiné éventuellement à couvrir les pertes, au moyen d'un prélèvement de 10 0/0 sur les bénéfices nets, fait avant tout autre jusqu'à due concurrence. En cas de liquidation, ce fonds sera partagé entre les associés au prorata de leurs droits respectifs sur les bénéfices.

ART. 9

Les fonds fournis par les associés et par la Société commanditaire porteront intérêt à ... 0/0, payables par ... les ... de chaque année.

ART. 10

En cas de retraite de l'un des gérants, il ne devra retirer sa part du fonds social que graduellement, et dans la proportion où son remplaçant pourra lui-même fournir les fonds nécessaires pour maintenir le capital social au niveau prévu par les statuts.

Le remplaçant consacrera obligatoirement les deux tiers au moins de ses parts de bénéfices à la constitution de son apport social, jusqu'à due concurrence.

ART. 11

Les gérants peuvent se retirer en tout temps, à la seule condition de prévenir leurs collègues et le président de la Société de prévoyance, au moins trois mois à l'avance.

Les gérants, d'accord avec le président de la Société de prévoyance, peuvent exiger la retraite de l'un d'eux, en cas de désaccord.

ART. 12

Le gérant qui se retire pour une cause quelconque,

volontairement ou non, n'a aucun droit sur le fonds de réserve ni sur les bénéfices de l'année courante.

Il reçoit son traitement de l'année tout entier, plus une somme égale à titre de transaction en bloc, à charge pour lui de payer tous les frais nécessités par sa retraite et son remplacement.

Les choses seront réglées de même en cas de décès d'un gérant.

ART. 13

En aucun cas, un associé sortant ou ses ayants droit ne pourront prétendre à des droits en nature sur le fonds de commerce, le matériel, la clientèle ou le fonds de réserve. En pareil cas, les droits du sortant seront réglés en espèces et selon les termes de l'article 16 ci-dessous, sans inventaire spécial ni intervention d'aucune sorte dans les affaires de la Société.

ART. 14

Un inventaire sera dressé le ... de chaque année d'après les livres, le matériel, les existences en magasin, etc.

ART. 15

Les bénéfices nets révélés par l'inventaire seront répartis comme suit :

10 0/0 au fonds de réserve, tant qu'il ne sera pas complet.

Pour le surplus, ou pour la totalité quand le fonds de réserve sera complet :

x 0/0 aux gérants qui partageront au prorata de leurs mises respectives;

x' 0/0 à la Société de prévoyance ;

x'' 0/0 au personnel.

ART. 16

La part attribuée à chaque employé ou ouvrier sera proportionnelle au montant du traitement ou du salaire reçu dans l'année.

Les suppléments pour travaux extraordinaires et les gratifications n'entreront pas en ligne de compte.

ART. 17

Les parts seront remises en espèces aussitôt que faire se pourra, et au plus tard dans les trois mois qui suivront la daté de clôture du bilan.

ART. 18

Les résultats généraux de l'exercice seront annoncés en Assemblée générale annuelle. Chaque participant recevra à cette occasion, ou par la poste, s'il est absent, un bulletin indiquant le chiffre de sa part individuelle.

ART. 19

Les parts échues et non réclamées dans le délai de deux ans seront considérées comme périmées et acquises à la Société de prévoyance.

ART. 20

Toutes les affaires concernant la participation seront examinées par un Comité composé de :

Les gérants ;

Le bureau de la Société de prévoyance ;

Cinq membres élus en Assemblée générale par le personnel.

ART. 21

La Société peut être dissoute :

1° Par l'arrivée de l'échéance prévue à l'article 2 ci-dessus ;

2° Par décision prise par les gérants d'accord avec le Président de la Société de prévoyance, et confirmée par l'Assemblée générale de celle-ci, à la majorité des deux tiers des suffrages exprimés.

ART. 22

En cas de dissolution l'avoir social sera réparti comme suit :

a) A la Société de prévoyance :

1° Les immeubles, le matériel, la clientèle, le fonds de réserve ;

2° Les droits aux baux, locations, promesses de vente des locaux et terrains occupés, pourvu toutefois que ladite Société de prévoyance les accepte.

Elle pourra disposer du tout comme de sa chose, en jouir, le vendre en tout ou partie, reconstituer la société commerciale, au mieux de ses intérêts.

b) Aux gérants :

Une somme en espèces, représentant la valeur de leurs apports respectifs et payable, savoir :

1° Un cinquième, dans les trois mois qui suivront la dissolution :

2° Si la dissolution est complète et définitive, les quatre cinquièmes restants aussitôt après achèvement de la liquidation ;

Si la Société est reconstituée, ces quatre cinquièmes seront payés par quart d'année en année, à compter de la date du versement du premier cinquième.

Fait à......, le......

II. — Règlement du personnel

Le personnel est divisé en deux classes : 1° les employés et ouvriers classés ; 2° les auxiliaires.

ART. 2

Les agents classés sont désignés par les gérants, selon les besoins, parmi les auxiliaires ayant au moins un an de service, âgés de vingt et un ans au moins, de quarante ans au plus, pouvant justifier d'une conduite régulière.

ART. 3

Les agents classés seront occupés de préférence à tous autres.

Les employés supérieurs et les gérants seront autant que possible choisis parmi eux.

Ils ne pourront être renvoyés que pour les fautes graves et répétées, après deux avertissements successifs restés sans effet.

Ils peuvent seuls faire partie de la Société de prévoyance à titre de sociétaires avec droit à la pension de retraite.

Ils sont seuls admis dans les comités consultatifs formés par les gérants.

ART. 4

Les agents classés peuvent obtenir des congés renouvelables pour une durée indéterminée.

Ces congés doivent être demandés aux gérants par écrit.

Si la demande de renouvellement n'est pas transmise avant l'expiration du congé, l'intéressé est mis en demeure, par lettre recommandée expédiée dans les huit jours, de se mettre en règle. Faute de réponse dans la quinzaine, il es considéré comme démissionnaire.

Art. 5

Les agents classés recevront un diplôme à leur nom, constatant la date de leur entrée, et contenant un tableau résumé de leurs droits et de leurs devoirs envers la société.

Art. 6

Les apprentis seront choisis de préférence parmi les fils d'agents classés. Ils devront être âgés de treize ans, savoir lire, écrire et compter.

La durée de l'apprentissage est fixée à ... années, sans condition absolue de part ni d'autre, les parties restant libres d'abréger ce délai.

Les apprentis devront suivre les cours d'instruction primaire et technique organisés en leur faveur. Leur avancement et leur salaire dépendront des notes qu'ils y obtiendront.

Dans les ateliers ils seront traités avec douceur, et on prendra soin de les former le plus vite et le mieux possible.

Art. 7

Les agents classés sont appelés à élire parmi eux un Comité de conciliation composé de huit membres, sous la présidence de l'un des gérants. Ce Comité comprendra :

Deux employés ;

Trois chefs d'atelier ou contremaîtres ;

Trois ouvriers.

Il nomme son vice-président et son secrétaire.

Art. 8

Le Comité se réunira une fois par mois, ou plus souvent si cela est nécessaire, pour examiner :

Les demandes de classement ;

Les propositions de renvoi d'agents classés ;

Les plaintes formées par les chefs d'atelier ou contre-maîtres contre certains de leurs hommes, et les avertisse-ments à donner à ceux-ci, le cas échéant;

Les plaintes formées par des agents contre leurs chefs ;

Les différends entre ouvriers qui lui seront soumis, avec engagement des parties de se soumettre pleinement et sans recours à sa décision.

Art. 9

Les auxiliaires doivent être traités par les chefs d'atelier ou contremaîtres, et par les agents classés, avec un parfait esprit de justice et de considération.

Dans le cas où ils se croiraient lésés, ils peuvent trans-mettre leurs plaintes au Comité de conciliation.

Dans tous les cas, ce Comité n'examinera que les plaintes sérieusement motivées et ne prononcera que sur enquête.

Art. 10

Les auxiliaires sont embauchés par un des gérants ou par un agent délégué à cet effet. Ils sont payés au prix du tarif courant et participent aux bénéfices de la maison au prorata du salaire touché par eux dans le courant de l'année, quel qu'en soit le montant.

Ils sont acceptés et remerciés dans les conditions prévues par la loi et les usages locaux.

Il est interdit aux agents ou auxiliaires de la maison de s'absenter des ateliers ou chantiers sans être munis d'une autorisation écrite et formelle, donnée par le chef ou contremaitre et visée au bureau central.

III. — Société de prévoyance

STATUTS

ARTICLE PREMIER

Une Société de prévoyance est formée entre les employés et ouvriers de la maison X..., Y... et C^{io}, pour une durée illimitée.

ART. 2

La Société se compose :

1° De membres honoraires, élus par le Comité ; les gérants de la maison X..., Y... et Cie sont de droit membres honoraires. Ils ne sont assujettis à aucune cotisation ;

2° Des membres sociétaires. Sont membres sociétaires de droit tous les employés et ouvriers classés. Ils ont à payer seulement un droit d'entrée de x francs ;

3° Des membres participants. Les auxiliaires peuvent être, sur leur demande adressée au Comité, admis comme membres participants pendant la durée de leur inscription sur les contrôles de la maison. Ils ont à payer une cotisation mensuelle de x francs.

ART. 3

La Société a pour ressources :

1° Sa part dans la maison X..., Y... et Cie ;

2° Son fonds de réserve, constitué par les dons et legs, le montant des droits d'entrée, les excédents libres en fin d'exercice, le cas échéant ;

3° Le revenu des valeurs précitées ;

4° Les recettes éventuelles.

Art. 4

Le budget annuel sera alimenté par : le produit de la commandite engagée dans la maison X..., Y... et Cie ; le revenu du fonds de réserve, placé en valeurs sûres par le Comité ; les recettes éventuelles. Enfin, en cas d'insuffisance et de besoin absolu, le Comité pourra faire un prélèvement sur la réserve.

Art. 5

La Société est administrée par un Comité composé de :
Un président ;
Un vice-président;
Un secrétaire-rapporteur ;
Un caissier-comptable ;
Deux vérificateurs des comptes ;
Six commissaires ;
Tous élus en Assemblée générale pour deux ans, et rééligibles indéfiniment.

Art. 6.

Tout membre malade ou blessé devra faire prévenir le Secrétaire dans les vingt-quatre heures. Celui-ci avisera le médecin de la Société et fera visiter le déclarant par un membre du Comité.

La fin de la maladie sera également constatée par un avis adressé par le médecin au Secrétaire.

Art. 7

Tout membre qui se fera traiter chez lui aura droit :
1° Aux soins du médecin ;
2° Aux médicaments prescrits, que l'on prendra chez les pharmaciens désignés ;

3° A un secours quotidien de ... francs pendant six mois. Après ce délai, le Comité pourra accorder des subventions temporaires selon les circonstances.

Tout membre qui se fait soigner à l'hôpital, ou préfère les visites d'un médecin autre que celui de la Société, n'a droit qu'aux secours en argent.

ART. 8

Il ne sera rien alloué pour les maladies causées par l'ivresse, la débauche ou les rixes.

ART. 9

Les malades devront se conformer exactement aux prescriptions du médecin, sinon ils perdront tout droit à l'assistance de la Société.

ART. 10

Les membres sociétaires décédés seront inhumés aux frais de la Société, dans des conditions convenables. Si la famille demande un convoi de classe supérieure, elle paiera l'excédent des frais.

Pour les membres participants, un secours de ... francs sera alloué à la veuve et aux enfants mineurs.

Dans tous les cas une délégation de la Société assistera aux obsèques.

ART. 11

Des pensions viagères seront servies par la Société à ceux de ses membres sociétaires qui rempliront les conditions suivantes :

1° Cinquante-cinq ans d'âge, et au moins quinze ans de services ininterrompus dans la maison X..., Y... et Cⁱᵉ, comme employé ou ouvrier classé ;

2° Une infirmité contractée dans le service et rendant tout travail régulier impossible. Cette disposition s'applique aussi aux membres participants blessés au service de la maison.

Le Comité pourra allouer la pension à un membre participant remplissant les conditions fixées sous le numéro 1, s'il en est jugé digne.

Lorsqu'un blessé ou un infirme pourra rendre encore des services dans un poste comportant un salaire faible, on pourra lui allouer, en outre, un quart ou la moitié de la pension jusqu'à l'époque de sa mise complète à la retraite.

Art. 12

Les pensions seront réversibles :

1° Pour la veuve sans enfants : la moitié en viager ou jusqu'à un nouveau mariage ;

2° Pour chaque enfant mineur restant à la charge de la veuve : un quart en sus, jusqu'à leur dix-huitième année, mais sans dépasser le montant de la pension complète du père ;

3° Pour un enfant mineur et restant totalement orphelin : la moitié jusqu'à la dix-huitième année ; pour deux enfants : trois quarts ; pour trois enfants et au delà : la pension entière du père avec réduction proportionnelle au fur et à mesure de l'accession de chacun des enfants à l'âge de dix-huit ans.

En cas de besoin justifié, le Comité pourra allouer des secours supplémentaires aux orphelins jusqu'à leur majorité.

Art. 13

La pension minima due aux infirmes et blessés est fixée à... francs par an.

Les pensionnés pour raison d'âge recevront :

Pour quinze ans de services : ... francs ;

Pour chaque année de service au-delà de la quinzième : un trentième en plus.

Ces prestations alimentaires sont incessibles et insaisissables.

Art. 14

Les pensionnés n'auront plus droit, ni à la participation aux bénéfices, ni aux secours en argent en cas de maladie. Mais ils pourront encore réclamer les soins du médecin et les médicaments. Dans les Assemblées générales, ils n'auront que voix délibérative.

Art. 15

Les pensions sont payées aux ayants droit à partir du jour où ils cesseront de travailler avec l'autorisation du Comité s'il y a lieu, et par quartier : le 15 janvier, le 15 avril, le 15 juillet, le 15 octobre de chaque année. Si l'intéressé ne se présente pas lui-même, le Trésorier pourra exiger une quittance signée et un certificat de vie.

Art. 16

En cas de décès d'un membre sociétaire avant l'échéance de son droit à la retraite, il sera payé à sa veuve ou à ses enfants âgés de moins de dix-huit ans un secours unique compté à raison de... francs par année de service, en outre des frais d'inhumation.

S'il s'agit d'un membre participant, le Comité fixera le secours en raison des services rendus à la maison.

Art. 17

Tout sociétaire qui quittera la maison par démission, ou qui se fera renvoyer, sortira en même temps de la Société de prévoyance et perdra tous ses droits aux avantages qu'elle procure.

Tout membre participant congédié pour défaut d'ouvrage sort en même temps de la Société.

Art. 18

Tout sociétaire ou participant qui :

Négligera de faire connaître ses changements de domicile ;

Manquera, sans motif et sans prévenir, de remplir les fonctions à lui confiées, ou d'assister à une Assemblée générale ;

Adressera au Comité des plaintes reconnues sans fondement ;

Refusera publiquement d'aider un camarade dans le travail en cas de besoin ;

Ou violera les présents statuts d'une manière quelconque ;

Devra payer à la Société une indemnité de 2 francs.

Ces indemnités seront imposées par le Comité.

Tout contrevenant assujetti à une indemnité, et prévenu, à ses frais par lettre recommandée, qui ne l'aura pas acquittée dans un délai de quinze jours, sera averti de la même manière une seconde fois. S'il ne s'est pas mis en règle dans un nouveau délai de huit jours, il sera suspendu de tous ses droits jusqu'à acquittement de la somme due.

Art. 18

Les membres sociétaires se réuniront en Assemblée générale deux fois par an, le premier dimanche de ....., et le premier dimanche de ....., pour entendre les rapports du Comité, discuter ses propositions, élire les membres du Comité et traiter toutes les questions intéressant la Société.

Art. 20

En cas de dissolution définitive de la maison X..., Y... et Cⁱᵉ, la Société de prévoyance subsistera comme caisse libre et consacrera ses ressources :

1º A continuer les secours et les pensions aux anciens sociétaires jusqu'à extinction;

2º A donner des pensions viagères de 365 francs aux ouvriers invalides ou sexagénaires de l'arrondissement de ..., qui justifieront de leur bonne conduite et de leur indigence.

Cette caisse sera administrée d'abord par le Comité en fonctions au moment de la liquidation. Les vacances seront ensuite remplies par le Comité lui-même, dans les deux mois de la démission ou du décès du membre sortant.

TABLE DES MATIÈRES

TOURS

IMPRIMERIE DESLIS FRÈRES

6, RUE GAMBETTA, 6

Tours. — Imp. Deslis Frères, 6, rue Gambetta.